INVENTAIRE

F 11·11 2

I0045727

DE LA PÉTITION D'HÉRÉDITÉ

EN DROIT ROMAIN,

ET DU DROIT DE RETOUR CONVENTIONNEL ET LÉGAL

EN DROIT FRANÇAIS,

THÈSE
POUR LE DOCTORAT.

L'acte public sur les matières ci-après sera soutenu,
le mercredi 24 novembre 1858, à une heure,

Par CAMILLE PEAUCELLIER,

Né à Amiens le 7 Janvier 1836, Avocat à la Cour Impériale.

Président : M. A. VALETTE, Professeur.

	MM. PELLAT,	
Suffragants :	ORTOLAN,	Professeurs.
	DE VALROGER,	
	COLMET DE SANTERRE,	Suppléant.

*Le Candidat répondra en outre aux questions qui lui seront faites
sur les autres matières de l'enseignement.*

PARIS.

CHARLES DE MOURGUES FRÈRES, SUCCESSEURS DE VINCHON,
Imprimeurs de la Faculté de Droit,
RUE J.-J. ROUSSEAU, 8.

—

1858.

4237

(C.)

DROIT ROMAIN.

DE LA PÉTITION D'HÉRÉDITÉ.

(Dig. V, 3.)

Le droit de succession a toujours figuré au premier rang des modes d'acquérir l'universalité d'un patrimoine reconnus par les lois. Mais il ne suffit pas à un législateur de reconnaître l'existence d'un droit, s'il ne met entre les mains de celui qui voit ce droit consacré à son profit le moyen d'en exiger le respect vis-à-vis de tous. C'est pour cela que tout droit a pour corrélatif nécessaire l'action, et nous voyons continuellement les lois romaines traiter simultanément de l'existence du droit et de celle de l'action qui sert à le garantir (1). Nous devons traiter ici de l'action principale à l'aide de laquelle le droit romain garantissait le droit de succession : cette action, c'est la pétition d'hérédité. Nous l'envisagerons d'abord au point de vue du droit civil ; nous verrons ensuite les extensions que le droit prétorien a pu donner à cette action sous les noms de pétition d'hérédité utile, pétition d'hérédité possessoire et autres, extensions dont l'utilité se faisait spécialement sentir quand le droit de succession prenait sa source dans l'autorité du préteur.

---

(1) Tit. de oblig. et act., D , 44, 7.

TITRE Ier.

DE LA PÉTITION D'HÉRÉDITÉ.

La pétition d'hérédité, d'après ce qui vient d'être dit, est l'action par laquelle je fais reconnaître l'existence d'un droit de succession à mon profit, et je me procure le libre exercice de ce droit. Nous nous occuperons d'abord de la procédure usitée en matière de pétition d'hérédité, et ce n'est qu'après un court aperçu de cette procédure, que nous examinerons cette action en elle-même dans sa nature et dans ses conséquences juridiques.

CHAPITRE PRÉLIMINAIRE.

DE LA PROCÉDURE EN MATIÈRE DE PÉTITION D'HÉRÉDITÉ.

On ne peut s'occuper de la procédure en droit romain sans y distinguer trois grandes phases : 1° celle des actions de la loi ; 2° celle du système formulaire ; 3° celle des *judicia extraordinaria*.

SECTION Ire.

Système des actions de la loi.

Ce système fut celui qu'employèrent les Romains jusques vers l'époque de Cicéron. Sous ce système, nous trouvons cinq procédures différentes, cinq actions de la loi, disent les jurisconsultes : le *sacramentum*, la *judicis postulatio*, la *condictio*, la *manus injectio* et la *pignoris capio*. Le *sacramentum* constituait la procédure de la pétition d'hérédité (1). Sans indiquer les détails de cette procédure, ce qui nous entraînerait hors de notre sujet, nous dirons seulement qu'elle consistait d'abord dans la *manuum consertio*, lutte primitivement réelle, plus tard devenue fictive, dans laquelle les parties se disputaient l'objet revendi-

---

(1) Gaius, Comm. IV, § 31; Cicéron, de Orat., I., 39 ; 1. 12, C., de petit. hered.

qué. Dans le cas de pétition d'hérédité, la lutte devait s'engager sur un objet quelconque de l'hérédité, qui était censé représenter l'hérédité elle-même. Puis chacun faisait la *vindicatio*, c'est-à-dire imposait successivement une baguette (*vindicta*) sur l'objet qu'il saisissait, en disant : *hanc ego rem ex jure quiritium meam esse aio secundum suam causam, sicut dixi : ecce tibi vindictam imposui.* Le préteur terminait ensuite ce combat simulé, en disant : *mittite ambo hanc rem.* Alors les deux plaideurs se demandaient réciproquement raison de leurs prétentions respectives, et se provoquaient au *sacramentum.* On appelait ainsi la somme déposée par chaque partie, et que perdait celle qui succombait : cette somme était appliquée aux dépenses du culte. Plus tard il suffit de donner des cautions garantissant le payement de cette somme, en cas de perte du procès. Ces formalités sacramentelles se terminaient par l'attribution que faisait le préteur, suivant son caprice, de la possession intérimaire de la chose à l'une des parties qui devait donner caution à l'autre de lui restituer, si elle succombait, la chose et les avantages que lui avait procurés la possession. Enfin le préteur renvoyait l'affaire devant le juge, qui déclarait : *injustum* le *sacramentum* de celui qui perdait son procès (1).

Pour la pétition d'hérédité, le préteur renvoyait les parties devant le tribunal des centumvirs. Ce tribunal célèbre, dont l'importance fut si grande à Rome, nous laisse également indécis sur l'époque de sa création et sur celle de son abolition. Sans doute, son origine est très-ancienne, et, quant à sa disparition, elle doit être due à l'envahissement des *cognitiones extraordinariæ.* On ne sait pas au juste comment il était composé. Sans entrer dans des discussions à cet égard, ce qu'il nous importe seulement de constater, c'est sa compétence en matière de pétition d'hérédité. Il en reste même des preuves dans le corps de droit de Justinien (2). Cette compétence eut de l'influence sur la marche de la procédure dans la période suivante.

SECTION II.

Système formulaire.

Lorsque le système des actions de la loi succomba sous la haine

(1) Gaius, Comm. IV, §§ 13-18; Cicéron, pro Murena, 12.
(2) L. 12, C., de petit. hered.

publique, l'institution populaire du tribunal des centumvirs en sauva une partie du naufrage, jusqu'à l'époque même de Gaïus, pour les procès dans lesquels ce tribunal était compétent (1). Ainsi subsista l'action *sacramenti* pour la pétition d'hérédité. Cependant, malgré cette influence, dès l'époque de Cicéron, on voit paraître deux moyens d'en neutraliser les effets. Nous voulons parler de la *sponsio* et de la *formula petitoria*.

Le premier moyen, celui de la *sponsio*, consistait à transformer la question d'hérédité en une question d'obligation; c'est un dérivé sensible du *sacramentum*. Le demandeur interroge le défendeur en lui disant : « Me promets-tu tant, si l'hérédité d'un tel m'appartient? » Le défendeur le promet. Le juge a ainsi à examiner une question d'obligation par stipulation, qui dépend de la question de savoir si l'hérédité appartient au demandeur ou au défendeur. La *sponsio* n'est que fictive, préjudicielle, et non pénale; on n'exige pas la somme ainsi promise. Mais le défendeur a dû s'obliger avec caution à restituer la chose et les avantages de la possession (*praedes litis et vindiciarum*) (2). L'avantage de cette procédure sur celle du *sacramentum*, c'est que celui qui possède y est toujours défendeur, et n'est pas exposé à voir sa possession passer à son adversaire, suivant le caprice du préteur. Ce magistrat détermine, à l'aide des interdits, à qui appartient véritablement la possession. Si le défendeur refuse de donner la caution *pro praede litis et vindiciarum*, le préteur à l'aide de l'interdit *quam hereditatem*, transfère alors la possession au demandeur, qui par suite sera déchargé du fardeau de la preuve, en devenant défendeur (3). La *sponsio* était déjà appliquée à la pétition d'hérédité à l'époque de Cicéron (4).

Plus tard on s'affranchit même de la nécessité de ce détour pour transformer ainsi la question de pétition d'hérédité en une question d'obligation, et on eut recours à la *formula petitoria*, dans laquelle on soutenait directement que l'on était héritier. Voici quelle devait être cette formule, autant que nous permettent de le supposer les formules analogues que nous connaissons : « Judex esto; si paret hereditatem Titianam de qua

(1) Gaius, Comm. IV, §§ 31 et 95.
(2) Gaius, Comm. IV, §§ 93-95.
(3) Ulp., frag. Vindob., § 6; Paul, sent. I, 11, § 1.
(4) Cicéron, in Verrem, I, 45.

« agitur ex jure Quiritium Auli Agerii esse, quidquid Numerius Negidius
« pro herede prove possidet, nisi restituat, quanti ea res erit,
» judex Numerium Negidium Aulo Agerio condemnato; si non paret ab-
solvito. » Cette formule nous servira dans la suite à reconnaître les caractères de la pétition d'hérédité. La *formula petitoria* était déjà connue
au temps de Cicéron (1); mais il est probable qu'elle n'était pas encore
appliquée à la pétition d'hérédité à cette époque : elle l'était certainement à l'époque de Gaïus (2). Au cas de *formula petitoria*, la caution
pro præde litis et vindiciarum était remplacée par la caution *judicatum
solvi*. Cette caution s'engageait : 1° à procurer au demandeur la défense
au procès de son adversaire; 2° à payer le montant de la condamnation,
si le défendeur ne restituait pas ou n'exécutait pas cette condamnation;
3° à réparer le préjudice causé par le dol du défendeur.

C'est du moment où tous ces détours furent admis pour échapper à la
compétence du tribunal des Centumvirs que dut commencer la décadence
de ce tribunal, qui finit sans doute par disparaître par suite des causes
qui avaient déjà amené l'abolition des actions de la loi.

SECTION III.

Système des cognitiones extraordinariæ.

Ce système, qui commença sous le régime de la procédure formulaire,
où il constituait des cas d'exception fort restreints, consiste dans la sup-
pression du renvoi de l'affaire par le magistrat devant le *judex*, et par
suite de la formule limitant les pouvoirs de ce *judex*. Ce système finit
par faire disparaître le précédent sous le règne de Dioclétien (3). Néanmoins, si les mots s'en vont, les choses restent souvent par la puissance
de la routine, et l'on continue à appeler, par exemple, exception ce qui
n'est plus qu'un simple moyen de défense, présenté comme tout autre
devant le magistrat.

Après ce simple aperçu préliminaire sur la procédure usitée au cas de pétition d'hérédité, nous pouvons entrer dans ce qui fait le fond de notre
sujet, c'est-à-dire dans l'examen de cette action elle-même, et nous allons

---

(1) Cicéron, in Verrem, II, 12.
(2) L. 3, l. 10, § 1, D., de hered. petit.
(3) L. 2, C., de pedan. judic.

voir successivement : 1° quelles sont ses conditions d'existence; 2° quelle est sa nature; 3° quels sont ses effets, et 4° quelles causes peuvent en amener l'extinction.

CHAPITRE Ier.

DES CONDITIONS D'EXISTENCE DE LA PÉTITION D'HÉRÉDITÉ.

Nous examinerons quelles sont ces conditions d'abord dans la personne du demandeur, ensuite dans celle du défendeur.

SECTION Ire.

Conditions exigées dans la personne du demandeur.

Pour pouvoir intenter l'action en pétition d'hérédité, il faut être héritier. Or, il n'y a d'héritier que celui à qui l'hérédité est dévolue par suite des dispositions du droit civil : le droit prétorien est impuissant à conférer ce titre; il ne crée que des possesseurs de biens (1). Nous verrons plus tard quelles actions avaient ces possesseurs de biens. Mais, pour avoir la véritable action en pétition d'hérédité, l'action directe, il faut être héritier d'après le droit civil. Or, on peut être ainsi héritier soit *ab intestat*, soit par testament, en vertu du nouveau droit comme en vertu de l'ancien (2), c'est-à-dire en vertu des sénatusconsultes (tels que les sénatusconsultes Orphitien et Tertullien), ou en vertu des constitutions impériales (par exemple, au cas d'*addictio libertatum servandarum causa*), comme en vertu des dispositions de la loi des Douze-Tables. Le testament ne doit être ni *ruptum*, ni *irritum*; l'héritier ne doit pas être indigne, etc. L'énumération de toutes ces conditions nous entraînerait hors de notre sujet.

On a droit encore à la pétition d'hérédité, non-seulement quand on acquiert cette hérédité par soi-même, mais encore quand on l'acquiert par l'intermédiaire de ceux que l'on a *in potestate, in manu*, ou *in man-*

---

(1) Gaius, Comm. III, § 32.
(2) L. 4, D., de hered. petit.

cipio (1). De même, si je suis héritier de Titius, qui lui-même était héritier de Séïus et a fait adition de cette hérédité avant sa mort, je trouve
moi-même dans la succession de Titius et j'acquiers l'action en pétition
de l'hérédité de Séïus (2).

La pétition d'hérédité existerait également au profit de celui à qui
l'héritier légitime *ab intestat* aurait cédé *in jure* son droit à l'hérédité
avant d'avoir fait adition. Mais il n'en serait plus de même si cette cession *in jure* avait eu lieu après l'adition, ou si elle était faite à quelqu'époque que ce fût par l'héritier testamentaire ou par l'héritier sien
et nécessaire. Dans ces diverses hypothèses, il ne restait que la ressource
de la *procuratio in rem suam* (3).

L'usucapion pouvait-elle faire un héritier et donner à celui qui l'avait
accomplie le droit d'intenter l'action en pétition d'hérédité. C'est ici le
moment de parler d'une institution particulière à l'ancien droit romain,
de l'usucapion *pro herede*. Gaïus nous apprend que, dans le double but
de faciliter les poursuites des créanciers contre les biens de l'hérédité et
d'empêcher l'interruption du culte des dieux domestiques, on permettait
jadis d'usucaper le titre d'héritier sans bonne foi ni juste titre, par la
simple détention pendant un an d'un objet héréditaire (4). Comment se
partageait l'hérédité entre les diverses personnes qui avaient pu usucaper
les objets héréditaires ? C'est ce que nous ignorons en l'absence de textes
précis sur ce point. Peu à peu, le soin du culte des dieux domestiques
s'affaiblissant, on ne regarda plus que le résultat évidemment injuste
d'une semblable usucapion : on trouva fort dur pour l'héritier ce dé-
pouillement, résultat d'une espèce de vol, et Adrien rescinda dans son
intérêt les effets de cette usucapion. Ainsi tomba cette vieille institution
de l'usucapion *pro herede*, qui nous donne la clef de plusieurs difficultés
de cette matière. Elle ne subsista plus dans son ancienne force que contre
l'héritier nécessaire. Enfin, Marc-Aurèle créa un nouveau délit, appelé
crimen expilatæ hereditatis, dont le but était de punir celui qui s'emparait
ainsi d'objets héréditaires avant que l'héritier véritable eût fait adition,
et pris possession des biens de la succession.

Du moment où les empereurs permirent aux fils de famille militaires

(1) L. 2 et 3, D., de hered. petit.
(2) L. 3, D., de hered. petit.
(3) Gaïus, Comm. II, §§ 34-37; III, §§ 85-87.
(4) Gaïus, Comm. II, §§ 52-58.

de tester sur leur pécule castrans, on dut accorder la pétition d'hérédité à celui qui était appelé à recueillir ce pécule en vertu d'un testament. C'est ce que prouve un texte de Paul, inséré au Digeste (1). En ce qui concerne ce pécule, le fils de famille était assimilé à une personne *sui juris*.

Pour réussir dans son action en pétition d'hérédité, le demandeur devait ne pas ratifier d'abord le testament qu'il venait ensuite attaquer. Or, il le ratifiait, si, connaissant les vices de ce testament, il recevait néanmoins de l'héritier testamentaire un legs que le testament renfermait à son profit. C'est ce que décide un rescrit d'Antonin, mentionné par Paul (2). Que s'il n'y a pas ratification, du moins devra-t-il d'abord restituer le legs pour pouvoir attaquer l'héritier testamentaire; car un refus de restitution de ce legs impliquerait contradiction dans ses prétentions. Néanmoins le défendeur devra lui donner caution que ce legs lui sera restitué, en cas d'insuccès de la demande. Si le défendeur refuse cette caution, le demandeur gardera le legs, sauf à le déduire, s'il triomphe, du montant de la condamnation prononcée contre son adversaire (3).

Le droit du demandeur doit exister au moment de la *litis contestatio*, pour pouvoir entraîner une condamnation contre le défendeur. Il serait trop tard, s'il naissait seulement pendant le procès, même avant la sentence du juge. Ce dernier ne pourrait baser une condamnation sur le droit acquis au demandeur dans le cours de l'instance; car cette condamnation procurerait à ce demandeur un avantage qu'il n'aurait pas eu si le jugement eût été rendu au moment de la *litis contestatio*. D'ailleurs, d'après les principes du régime formulaire, le demandeur n'a pu *deducere in judicium* un droit qu'il n'avait pas (4). Cette décision du reste n'a rien d'injuste à son égard; il pourra renouveler son action, sans craindre l'exception *rei judicatæ :* on lui refuse seulement un avantage auquel il n'a aucun droit et qui ne ferait qu'entraver la défense de son adversaire (5). Il en serait autrement dans l'hypothèse inverse, où le droit du demandeur, existant au jour de la *litis contes-*

---

(1) L. 34, D., de petit. hered.
(2) L. 43 et 8, D., de petit. hered.
(3) L. 43 et 44, D., de petit. hered.
(4) L. 11, § 4, D., de except. rei judic.
(5) L. 23, l. 35, D., de judiciis; Voet, VI, 1, § 4; Gluck, VIII, p. 147-151 ; Savigny, VI, p. 65 et s.; M. Pellat, revendication, p. 226 et 227.

tatio, viendrait à s'évanouir dans le cours de l'instance. Il semble dans ce cas qu'il ne puisse y avoir lieu à condamnation faute d'intérêt pour le demandeur : et ce raisonnement serait juste, si on laissait périr son droit. Mais on rescindera l'usucapion qui a pu courir pendant l'instance, afin que le demandeur ne souffre pas des délais de la justice (1).

SECTION II.

Conditions exigées dans la personne du défendeur.

La première condition exigée par le droit romain pour qu'une personne pût être tenue de l'action en pétition d'hérédité, c'était la possession d'un objet ou la quasi-possession d'un droit héréditaire. Qu'est-ce que posséder ? C'est d'abord détenir physiquement, matériellement, avoir une chose à sa disposition; c'est, de plus, la détenir avec l'*animus domini*, c'est-à-dire en user comme de la sienne propre; peu importe sur ce point la bonne ou la mauvaise foi. L'*animus domini* consiste dans l'intention de se regarder à tort ou à raison comme véritable propriétaire. Pour la quasi-possession, ce n'est que l'application de cette théorie à ce que les Romains appelaient les objets incorporels, c'est-à-dire les droits autres que le droit de propriété. Ne comprenant pas que la possession, fait matériel, pût s'appliquer à une chose incorporelle, ils disaient alors qu'il y avait comme une possession, *quasi possessio* (2).

Pourquoi exige-t-on cette condition de possession pour permettre d'intenter la pétition d'hérédité ? c'est que le but même de cette action, c'est d'obtenir la restitution des objets héréditaires, et que, d'après la formule, on ne pouvait condamner le défendeur que jusqu'à concurrence de l'intérêt qu'avait le demandeur à la restitution des choses possédées par ce défendeur. Sans doute, nous verrons plus tard qu'on accorde l'action utile, si le défendeur cesse de posséder par dol; mais, en l'absence de dol, point de condamnation possible contre le défendeur qui ne possède pas. Seulement, on peut croire, par analogie de ce qui se passait dans d'autres cas (3), qu'il pouvait y avoir *præjudicium de here-*

---

(1) L. 18, l. 20, l. 21, D., de rei vindic.
(2) L. 3, pr., D., de adq. poss.; l. 4, § 27, D., de usurp.
(3) Gaïus, Comm. IV, § 44.

ditute, c'est-à-dire que le préteur ne délivrait alors qu'une formule, se composant seulement d'une *intentio.* En vertu de cette formule, le juge tranchait la question de savoir si le demandeur était héritier; mais celui-ci ne demandait pas actuellement à tirer profit de cette qualité à lui reconnue; il se réservait d'en faire plus tard l'usage qui lui semblerait bon.

D'ailleurs il est inutile que le défendeur possède toute l'hérédité; il suffit qu'il possède un objet, *rem licet minimam,* dit Gaïus (1). Il n'y a pas plus pétition à intenter la pétition d'hérédité universelle contre celui qui ne possède qu'un objet héréditaire. En effet, l'universalité est ici la modalité du droit du demandeur, et non celle de la possession du défendeur, et cette demande est nécessaire pour que le défendeur restitue l'objet entier, comme nous le verrons en parlant de la pétition d'hérédité partielle.

Mais il ne suffisait pas que quelqu'un possédât une chose ou un droit héréditaire, pour qu'il fût exposé à la pétition d'hérédité. Il fallait de plus qu'il la possédât *pro herede* ou *pro possessore :* tel devait être le titre de sa possession.

On donne d'abord la pétition d'hérédité contre celui qui possède *pro herede* (2) ; et c'est bien le cas ou jamais de l'accorder, car celui qui possède *pro herede* non seulement nie la qualité de celui qui se prétend héritier, mais encore s'attribue à lui-même cette qualité. C'est à vrai dire une revendication de son titre d'héritier que le demandeur intente contre lui.

On peut posséder comme héritier, soit une chose, soit un droit héréditaire (3). De même que posséder une chose *pro herede,* c'est prétendre au droit de la garder, en soutenant qu'on est l'héritier du défunt, de même posséder un droit *pro herede,* c'est prétendre pouvoir légitimement l'exercer, en soutenant également qu'on est l'héritier du défunt. Ainsi le débiteur de l'hérédité, qui refuse de payer en se prétendant lui-même héritier, est tenu de la pétition d'hérédité, car il se prétend, par là même, possesseur à titre d'héritier de la créance que l'hérédité a contre lui, et qui se trouverait dès lors éteinte par confusion (4). Mais, si

---

(1) L. 10, pr., D., de hered. petit. V. encore l. 13, § 6, eod. tit.
(2) L. 9, D., de hered. petit.
(3) L. 50, D., de hered. petit.
(4) L. 13, § 15, l. 42, D., de hered. petit.

ce débiteur, sans se prétendre héritier, niait la qualité de son adversaire, celui-ci n'avait contre lui que l'action spéciale de la dette, et il entrait dans l'*officium judicis* d'apprécier le titre d'héritier du créancier comme tout autre titre qu'il aurait pu faire valoir (1). Peu importe d'ailleurs que la dette soit le résultat d'un contrat ou d'un quasi-contrat, d'un délit ou d'un quasi-délit (2); qu'elle ait pris naissance avant ou après la mort du *de cujus*, car l'hérédité jacente constitue une personne capable dans certaines limites d'obliger les autres (*sustinet personam defuncti*). C'est par ce moyen que l'on peut atteindre celui qui a géré les biens héréditaires, s'il veut se prétendre héritier.

Veut-on maintenant un exemple de quasi-possession d'un droit réel? Je suppose que le *de cujus*, par son testament, a institué Titius héritier, et légué à Séius un fonds *detracto usufructu*. L'héritier testamentaire n'a donc plus sur ce fonds qu'un droit d'usufruit. Le testament étant nul, l'héritier *ab intestat* intentera, contre le prétendu héritier testamentaire qui possède ce droit d'usufruit, l'action en pétition d'hérédité.

Le Digeste offre encore d'autres exemples de possession d'un droit héréditaire. Ainsi l'individu attaqué ne possède plus matériellement l'hérédité parce qu'on la lui a ravie par violence; mais il possède encore un droit héréditaire, l'interdit *unde vi*, à l'aide duquel il peut se faire remettre en possession de l'hérédité. Cet interdit, il doit le céder au véritable héritier, et il y sera contraint par la pétition d'hérédité (3). Il a vendu un objet héréditaire, le prix n'en est pas encore payé; il sera de même obligé de céder son action *venditi* qui doit procurer le payement du prix (4). On peut encore citer l'héritier apparent qui a payé des legs ou restitué l'hérédité en se conformant à un fidéicommis. Il a payé ce qu'il ne devait pas, il a donc une *condictio indebiti* qu'il sera tenu de céder à son adversaire par l'action en pétition d'hérédité (5).

(1) L. 42, D., de hered. petit.
(2) L. 14, l. 15, l. 16, § 3, D., de hered. petit.
(3) L. 16, § 4, D., de petit. hered.
(4) L. 16, § 5, D., de hered. petit.
(5) L. 16, § 7, D., de hered. petit. La loi 13, § 2, au même titre, paraît contredire cette idée et dénier dans l'espèce la pétition d'hérédité contre l'héritier apparent. Mais nous croyons que cette loi dit seulement qu'il ne sera pas tenu de la pétition d'hérédité, en ce sens qu'il ne pourra être condamné à payer la valeur des objets qu'il a eus entre les mains et qu'il n'a plus actuellement. On l'oppose en effet dans cette loi à celui qui a cessé de posséder par dol, et qui serait tenu d'une semblable obligation. Mais il est incontestable qu'il doit toujours céder ses actions.

On donne en second lieu la pétition d'hérédité contre celui qui possède *pro possessore*. On appelle ainsi celui qui n'allègue aucun titre qui puisse justifier son droit de possession (1). Pourquoi ce possesseur est-il soumis à la pétition d'hérédité? Il nous paraît difficile d'admettre que ce soit, parce que, quoique n'alléguant aucun titre en faveur de sa possession, il dénie cependant le titre en vertu duquel prétend posséder l'héritier. La l. 42 de notre titre nous paraît contredire formellement une semblable opinion. Cette loi suppose qu'un débiteur refuse de payer, non pas qu'il se dise héritier, mais parce qu'il nie ou doute seulement que son adversaire soit le véritable héritier. Celui-ci a contre lui l'action spéciale de la créance, et il entrera dans l'*officium judicis*, nous l'avons dit, d'apprécier ce titre du créancier. Ainsi il ne suffit pas de nier la qualité d'héritier de son adversaire pour être soumis à la pétition d'hérédité. Si donc celui qui possède *pro possessore* est soumis à cette action, ce n'est pas là qu'il faut en chercher le motif : nous croyons qu'on ne peut le trouver que dans l'institution de l'usucapion *pro herede*. Le possesseur de mauvaise foi pouvant, avant l'abrogation de cette institution, usucaper l'hérédité, par cela même qu'il n'expliquait pas sa possession, indiquait bien l'intention d'usucaper *pro herede :* c'était donc un compétiteur à l'hérédité, dont le demandeur se proposait de détruire le droit. Plus tard la raison de cette règle disparut avec l'abrogation de la possibilité de l'usucapion *pro herede*, et la routine romaine la laissa néanmoins subsister.

On peut posséder *pro possessore*, comme on peut posséder *pro herede*, soit une chose, soit un droit héréditaire. Possède un objet héréditaire *pro possessore*, par exemple, le voleur qui s'est emparé de cet objet (2). Mais comment peut-on posséder *pro possessore* un droit héréditaire? Nous en trouvons un exemple au Digeste. Il s'agit d'un individu qui a corrompu un esclave héréditaire; il devient ainsi débiteur de l'hérédité, et est tenu envers elle par l'action de *servo corrupto :* mais, comme c'est un véritable *prædo*, l'héritier pourra l'attaquer également par l'action en pétition d'hérédité (3).

Il n'est pas toujours facile de distinguer le possesseur *pro herede* du possesseur *pro possessore*, et même de préciser toutes les hypothèses où un possesseur n'a d'autre titre que cette *ultima ratio possessionis.*

(1) L. 11, § 1, l. 13, D., de hered. petit.
(2) L. 15, D., de hered. petit.
(3) L. 13, § 1, D., de servo corrupto.

Ainsi que dire de celui qui se prétend héritier de mauvaise foi, sachant bien qu'il ne l'est pas? Il possède *pro herede*, disent Ulpien, Arrien, Proculus (1); il possède *pro possessore*, dit Gaïus et répète d'après lui Justinien (2). Ces deux opinions sont pa   ép diamétralement opposées pour qu'on puisse prétendre les concilier. Pothier y a échoué (3); il n'est arrivé qu'à torturer le sens de la loi 12 où on lit ces mots: (*pro possessore possidet prædo*) *qui interrogatus cur possideat, responsurus sit : quia possideo, nec contendit se heredem, vel per mendacium.* Il traduit le mot *vel*, par : ou, au lieu de : même. La loi voudrait dire alors : celui qui ne se prétend pas héritier, ou se prétend tel par mensonge ; au lieu de : celui qui ne se prétend pas héritier même par mensonge. Quant à la loi 11, Pothier n'a pu que la laisser subsister dans toute sa force. A quoi servent de semblables tentatives de conciliation, surtout quand on voit Ulpien s'appuyer de l'autorité de Proculus, et que l'on sait que Gaïus était de l'école des Sabiniens? C'était là évidemment un des points de divergence entre les deux écoles. Mais à quoi tenait cette divergence? On peut en donner deux motifs principaux qui nous paraissent également raisonnables. La première explication est purement historique et tirée de l'usucapion *pro herede.* Jadis, nous l'avons dit, toute personne même de mauvaise foi, pouvait usucaper l'hérédité au bout d'un an : cette usucapion ne fut rescindée que sous Adrien à l'égard du véritable héritier. Or nous avons vu qu'on peut véritablement dire que celui qui est en voie d'usucaper *pro herede*, possède *pro herede*, et c'était là, sans doute, le sens de la décision d'Ulpien. Plus tard, après l'abolition de cette usucapion, vis-à-vis de l'héritier, une semblable qualification devint impossible, et c'est pour cela que Gaïus voit là un possesseur *pro possessore*. On pourrait encore dire avec Doneau (4), que ce possesseur paraît au commencement du procès posséder *pro herede*, puisque c'est là le titre qu'il déclare, et ne dit pas seulement : *possideo quia possideo.* Mais le résultat du procès montre en lui un véritable *prædo*, un possesseur *pro possessore*, qui devra subir toutes les conséquences de sa mauvaise foi. Suivant qu'on se place à l'une ou à l'autre époque, on voit donc en lui un possesseur

(1) L. 11, pr., l. 12, D., de hered. petit.
(2) Gaïus, Comm. IV, § 144 ; Inst. de Justinien, IV, 15, § 3.
(3) Pothier, Pandectes, h. tit., III, note 6.
(4) Doneau, V, p. 618.

pro herede ou un possesseur *pro possessore*. L'école sabinienne se plaçait à l'un de ces deux points de vue, l'école proculéienne à l'autre. Quoique la première explication soit très-raisonnable, nous lui préférons la seconde. La première nous paraîtrait concluante, si elle plaçait en regard des jurisconsultes antérieurs à l'abrogation de l'usucapion *pro herede* comme Proculus et Arrien avec des jurisconsultes postérieurs comme Gaïus. Mais comment comprendre qu'Ulpien, postérieur à Gaïus, adopte l'opinion qui ne s'expliquerait dans ce système que par l'institution de l'usucapion *pro herede*?

On possède également, *pro possessore*, quand on allègue un titre nul en faveur de la possession ; avoir un titre nul et n'en avoir pas, c'est tout un. C'est dans ce sens qu'Ulpien remarque que le titre *pro possessore* peut s'attacher à tous les titres (1); c'est-à-dire qu'il existe quand le titre de possession allégué est nul. Dans ce cas, en effet, ce titre apparent est impuissant à permettre l'usucapion ; du moins cette idée paraît-elle bien fondée sur la majorité des textes (2). L'un d'eux néanmoins nous indique que cela n'allait pas sans controverse (3), et il est resté au Digeste quelques vestiges de l'opinion opposée (4). Ulpien, dans le texte ci-dessous cité de notre titre (1), cite l'exemple du cas où j'achète sciemment d'un fou (sciemment, car sans cela, d'après la loi 2, § 16, *pro emptore*, contraire à la généralité des autres textes, il pourrait y avoir usucapion, si l'erreur est excusable); le cas où je reçois un bien de ma femme à titre de donation, et réciproquement (les donations sont prohibées entre époux); le cas où je reçois en connaissance de cause une dot d'une mineure de douze ans (car, avant douze ans, point de *connubium* pour les filles, et quand le mariage est impossible, la dot ne saurait exister) (5).

La possession nous est acquise non-seulement par nous-mêmes, mais encore par ceux que nous avons en notre puissance, tels que le fils de famille et l'esclave. Par conséquent, si ceux-ci acquièrent la possession d'un objet héréditaire, le père de famille ou le maître peut être actionné

---

(1) L. 13, § 1, D., de hered. petit.

(2) Instit., II, 6, § 11; Fragm. Vatic., §§ 294 et 296; L. 24, C., de rei vindic.; l. 3, C., pro donato ; l. 5, C., de præscr. long. temp.

(3) L. 9, D., pro legato.

(4) L. 5, § 1, D., pro suo.; l. 2, § 16, pro emptore.

(5) Inst., I, 10, § 12.

par l'action en pétition d'hérédité (1). Du reste, les principes de l'action *de peculio* sont ici inapplicables ; il ne s'agit pas d'une créance sur laquelle le maître puisse faire les déductions autorisées dans ce cas, et qui doive être exigée dans l'année, sous peine de déchéance (2) ; c'est une action réelle intentée contre le maître qui a à sa disposition, par l'intermédiaire de son esclave, un objet de l'hérédité. Il en serait autrement si le fils de famille était débiteur de l'hérédité ; alors, avec les principes de l'action personnelle renaîtraient ceux de l'action *de peculio*. On peut actionner aussi dans ce cas, si l'on veut, le fils de famille, mais non l'esclave, qui ne peut figurer dans une instance judiciaire (3). Cette décision abonde assez dans le sens de la l. 9, *de rei vindic.*, où Ulpien soutient contre Pegasus que l'on peut attaquer par action réelle les possesseurs qui n'ont pas l'*animus domini*, et qui possèdent pour un autre, tels que les commodataires, dépositaires, etc., etc. (4).

De même, un absent peut posséder une hérédité par l'intermédiaire d'un *procurator*, d'après le principe que la possession peut nous être acquise *per extraneam personam* (5). C'est contre lui qu'on devra intenter la pétition d'hérédité, et non contre le *procurator*, qui ne possède pas *pro herede*, ni *pro possessore*, mais *contemplatione domini rei*. Ce n'est que lorsque tout espoir de ratification sera perdu de la part du *dominus rei*, que le *procurator* commencera à posséder, *pro possessore* (6).

Celui qui ne détient que des fruits de l'hérédité est passible de notre action, car *fructus augent hereditatem* (7). Est également tenu de cette action celui qui possède le prix des objets héréditaires, non qu'il soit *possessor rei hereditariæ*; la loi 31, § 1, le qualifie positivement de *possessor juris*, et à juste titre, quoi que disent Pothier (8) et Cujas (9) ; car la loi 16, § 1, l'assimile à un débiteur héréditaire ; en effet, l'argent, chose fongible, devient la propriété de celui qui a touché les espèces ; mais, en touchant ainsi les espèces, on se trouve constitué débiteur vis-à-vis

---

(1) L. 34, § 4, D., de petit. hered.
(2) L. 36, pr., D., de petit. hered.
(3) L. 36, § 4, D. de petit. hered.
(4) V. M. Pellat, de rei vindic., p. 154.
(5) Instit. II, 9, § 5.
(6) L. 13, § 12, D., de petit. hered.
(7) L. 13, § 7, D. de petit. hered.
(8) Pothier, h. tit., n° 9.
(9) Cujas, Comm. ad Paulum, ad h. leg.

de l'hérédité, comme *negotiorum gestor*. Les mêmes principes seraient applicables à celui qui, dans un procès sur l'hérédité, a obtenu le montant de la *litis æstimatio* (1).

La deuxième condition à examiner en ce qui concerne la personne du défendeur, c'est celle qui a trait à l'époque où il doit posséder. Il n'est pas nécessaire que cette possession existe au moment de la *litis contestatio*, ainsi qu'on l'exige pour l'existence du droit du demandeur. Il suffit qu'elle existe au moment de la sentence (2). On ne peut opposer à cette décision les lois 23 et 3ʒ, *de judiciis*, au Digeste. Nous avons vu que ces lois ne s'appliquent qu'au droit du demandeur, et la raison de distinguer entre les deux hypothèses est bien sensible. En effet, lorsque le droit du demandeur vient à se produire dans le cours de l'instance, si le juge en tenait compte lors de la sentence, il ne laisserait pas au défendeur le temps nécessaire pour combattre ce droit nouveau qui surgit tout-à-coup; le défendeur n'aurait, pour fournir ses contradictions, qu'une partie du temps auquel il a droit. D'ailleurs, si le défendeur eût connu ce droit nouveau, peut-être n'eût-il pas résisté et eût-il ainsi évité les frais du procès. Lors, au contraire, qu'il s'agit de la possession du défendeur, son existence ou sa non-existence, au moment de la *litiscontestatio*, n'influe en rien sur la question de droit. Il a commencé à nier le droit d'hérédité du demandeur, alors qu'il savait sur quoi ce droit était basé; il a eu tout le temps nécessaire pour combattre les prétentions de son adversaire; et, du moment qu'à l'époque de la sentence il possède un objet héréditaire, l'échec qu'il a subi dans cette lutte judiciaire le force à le restituer. Remarquons de plus, comme second motif de différence entre les deux hypothèses, que l'espèce de droit auquel prétend le demandeur est spécifié dans l'*intentio*, dès le moment de la *litiscontestatio*, tandis que le montant de la *condemnatio* reste indéterminé (*quidquid paret*), et ne se trouve fixé que par le juge, et à l'époque de la sentence. Néanmoins, malgré ces raisons de décider ainsi, la loi 27, § 1, *de rei vendic.*, laisse bien entrevoir qu'il a dû exister autrefois une controverse à ce sujet. Cette loi, en effet, a été interpolée; car, telle qu'elle est, ses diverses parties ne peuvent s'en-

---

(1) L. 18, § 2, D., de petit. hered.

(2) L. 4, l. 18, § 1, l. 41, D., de hered. petit.; l. 7, § 4, D., ad exhibendum; l. 27, § 1, D., de rei vindic.

chaîner d'une manière logique ; il paraît probable que Tribonien y aura supprimé l'opinion contraire d'abord exposée par Paul (1).

Que si le défendeur qui possédait avant la *litiscontestatio* ou au moins à ce moment, a cessé de posséder depuis, on ne peut sans doute le condamner à restituer ce qu'il ne possède plus. Mais devra-t-il payer une indemnité ? Oui, s'il a cessé de posséder par dol ou par sa faute. Mais ceci rentre alors dans les cas de l'action utile en pétition d'hérédité, que nous verrons plus loin.

CHAPITRE II.

DE LA NATURE DE LA PÉTITION D'HÉRÉDITÉ.

La pétition d'hérédité est une action réelle. Si l'on se reporte, en effet, à la formule que nous en avons donnée plus haut, on voit tout d'abord que le nom du défendeur n'est pas inséré dans l'*intentio*, et l'on sait que c'est là le caractère distinctif des actions *in rem*, sous la période formulaire, si l'on en considère la partie matérielle. En second lieu, si l'on examine l'action dans sa nature et dans son essence, sans s'arrêter aux diverses formules de la procédure, on voit que le droit réclamé est un droit absolu que l'on n'invoque pas seulement vis-à-vis du défendeur, mais vis-à-vis de tous. C'est d'ailleurs ce qui résulte des textes (2). Cependant la loi 25, § 18, dit de cette action : « *Etsi in rem sit, tamen quasdam personales habet præstationes* », et la loi 7, C., *de petit. hæred.*, la qualifie de *mixta personalis actio*. On a cherché à expliquer de diverses manières comment les empereurs Dioclétien et Maximien avaient pu concevoir l'idée d'une semblable qualification. Sans doute cette qualification serait incompréhensible sous le régime formulaire, alors que, pour spécifier la nature de l'action, on s'attachait surtout à la rédaction de la formule. En effet, comment cette action aurait-elle pu être mixte ou personnelle, alors que son *intentio* était formulée *in rem* ? Aussi, ne voyons-nous paraître cette qualification que sous le règne de l'empereur, qui a abrogé, de la manière la plus large, le

---

(1) V. M. Pellat, *de rei vindic.*, p. 228 et suiv., et M. de Savigny, Traité de droit romain, VI, p. 77.

(2) L. 25, § 18, D., *de petit. hered.* ; l. 27, § 3, D., *de rei vindic.*

système formulaire. M. de Savigny voit l'explication de cette expression dans ce fait, que la pétition d'hérédité ne peut pas être intentée contre tous détenteurs, mais seulement contre ceux qui possèdent *pro herede*, ou *pro possessore* (1). Cette explication n'est guère admissible. Si l'*intentio* est *in rem*, qu'importe que la *condemnatio* soit plus ou moins empreinte d'un caractère de personnalité? le véritable motif d'une semblable appellation se tire évidemment de la comparaison des deux lois que nous venons de citer. On y trouve en effet une certaine similitude d'expression qui permet d'expliquer l'une à l'aide de l'autre. Dioclétien appelle cette action *mixta personalis*, parce que, comme le dit Ulpien, *habet quasdam personales prœstationes*. On peut d'ailleurs en donner un exemple plus saillant que ceux qui se trouvent dans la loi 25, § 18. La pétition d'hérédité, en effet, peut, dans certaines circonstances, n'avoir d'autre but que celui de procurer l'exécution d'une obligation. Ainsi, voilà un débiteur du défunt qui nie que son adversaire en soit l'héritier. Dans ce cas, quelle est la seule question à résoudre? Celle de savoir qui est héritier. On donnera donc contre ce débiteur la pétition d'hérédité, qui, par conséquent, dans ce cas produira les effets d'une action personnelle. Dans ce cas, elle emprunte même une partie de la nature et des effets de l'action personnelle qu'elle remplace.

La pétition d'hérédité comme toutes les actions réelles est arbitraire, c'est-à-dire qu'à l'aide des mots : *nisi restituat*, insérés dans la formule, on pourra éviter cette conséquence fâcheuse du système formulaire, qui ne permet sans cela d'arriver qu'à des condamnations pécuniaires. Le juge en effet commencera par fixer dans son *arbitrium* ou *jussus* l'étendue des restitutions que devra faire le défendeur s'il veut éviter une condamnation, et même à une certaine époque du droit romain, il forcera le possesseur *manu militari* à opérer cette restitution (2). Que si elle ne peut s'opérer par suite de la mauvaise volonté de celui-ci, il sera condamné à payer la somme fixée par le serment du défendeur.

Cette action est *in jus;* car son *intentio* est de droit civil. C'est en effet une question de droit civil que celle de savoir si quelqu'un est oui ou non héritier. Son origine vient donc du droit civil. Elle était de la compétence du tribunal des centumvirs. Comme l'importance de ce tribunal était fort grande chez les Romains, et qu'il se montrait fort jaloux de

---

(1) M. de Savigny, Traité de droit romain, V, p. 28 et 40.
(2) V. la loi 68, D., de rei vindic., et M. Pellat sur cette loi.

sés attributions, on prit grand soin qu'une autre juridiction n'empiétât pas sur ses droits, en tranchant d'autres questions subordonnées à la solution de celle-ci. En pareil cas, le défendeur pouvait faire insérer dans la formule une *præscriptio* ainsi conçue : « *Ea res agatur, si in ea re præjudicium hereditatis non fiat* (1). » Les lois, qui nous parlent de cette *præscriptio*, nous indiquent diverses applications de cette règle. Par exemple, ce sont des légataires qui réclament un legs à l'héritier institué; il faut d'abord trancher la question de pétition d'hérédité. Nous reviendrons sur l'exemple de la loi 25, § 17, à propos de la vente des biens de l'hérédité par l'héritier apparent. C'est quand cette *præscriptio* a été opposée que le plus souvent le demandeur se trouve alors obligé de recourir à un *præjudicium*, à une action préjudicielle, pour faire constater son droit d'héritier, de l'existence duquel dépend l'exercice du droit subsidiaire qu'il veut faire valoir (2). Dans cette hypothèse, *l'intentio* de la formule existait seule sans *condemnatio*. Le tribunal des centumvirs n'avait donc qu'à constater un droit, dont un autre juge aurait plus tard à tirer les conséquences (3). Mais quelle que soit l'importance de notre action, ici comme partout, s'appliquera cette règle qu'en droit français nous formulons ainsi : le criminel tient le civil en état (4).

Par cela même que l'action en pétition d'hérédité est réelle, elle ne peut rentrer dans la classe des actions de droit strict ou de bonne foi. En effet, quoique dise sur ce point M. de Savigny (5), il ne faut pas confondre les actions arbitraires et les actions de bonne foi sous le nom d'actions libres. Sans doute, dans les deux cas, les pouvoirs du juge sortent du cercle étroit que leur avait tracé le système formulaire rigoureux, mais ils en sortent dans un sens différent. L'action de bonne foi permet au juge de prendre en considération la bonne foi des parties, et de suppléer aux exceptions qui seraient nécessaires pour en faire valoir les effets dans une action de droit strict. Mais, dans l'action arbitraire, le juge n'a point de semblable pouvoir : du moment que la rigueur du

---

(1) L. 25, § 17, l. 5, § 2, l. 7, pr. et § 1, D., de petit. hered.; l. 13, D., de exceptionibus; l. 32, § 10, D., qui receptis.

(2) L. 6, D., si ingenuus esse dicetur.

(3) Gaius, Comm. IV, § 44.

(4) L. 5, § 1, l. 6, D., de petit. hered.

(5) V. p. 145.

droit l'exige, il doit condamner sans s'inquiéter de la bonne ou de la mauvaise foi des parties. Il ne peut exercer son pouvoir d'appréciation que sur l'étendue de la condamnation. Cependant nous voyons Justinien trancher une prétendue controverse qui aurait existé entre les anciens auteurs sur la question de savoir si la pétition d'hérédité était de droit strict ou de bonne foi, et il la tranche dans ce dernier sens (1). Il y a là une erreur de sa part. La seule controverse, qui ait existé entre les anciens auteurs, portait sur le point de savoir si l'exception de dol pouvait être regardée comme sous-entendue dans la pétition d'hérédité, ce qui était en effet l'un des caractères, mais non le seul caractère distinctif de l'action de bonne foi. Sur ce point, Gaïus et Papinien soutenaient que l'exception de dol était nécessaire (2); Ulpien, Paul, Scœvola, et Javolenus, étaient d'un avis opposé (3). C'est ce dissentiment dont Justinien a voulu effacer les traces. D'où pouvait-il provenir? sans doute de ce que l'action en pétition d'hérédité n'était pas une action purement réelle, de ce que, à la différence de la revendication, c'était une action « *mixta personalis, quæ quasdam personales præstationes habet.* » Au cas de revendication, l'objet de la restitution était parfaitement délimité : si l'on voulait que le juge y tînt compte de quelques accessoires, comme des dépenses utiles, il fallait que la formule le permît expressément. Au contraire, dans la pétition d'hérédité, ce qu'on réclame, c'est un ensemble d'objets, susceptible de se modifier à chaque instant par des aliénations, des améliorations, etc., etc. Dans le calcul nécessaire pour former la masse héréditaire entre naturellement le compte des dépenses. Il y a là un caractère d'obligation personnelle qui permet de sous-entendre l'exception de dol. Mais n'allons pas conclure de tout ceci que la pétition d'hérédité a tous les caractères de l'action de bonne foi. Ainsi jamais on n'a inséré dans la formule de cette action les mots : *ex bona fide*, qui caractérisent l'action de bonne foi. Les peines de la plus pétition, inapplicables au cas d'action de bonne foi, étaient appliquées dans notre matière, etc., etc.

---

(1) L. 12, §§ 1 et 3, C., de petit. hered.; Instit. V, 0, § 28.
(2) L. 39, § 1, l. 50, § 1, D., de petit. hered.
(3) L. 37, l. 38, l. 44, l. 58, D., de petit. hered.

CHAPITRE III.

DES EFFETS DE LA PÉTITION D'HÉRÉDITÉ OU DES CONDAMNATIONS QU'ELLE PEUT ENTRAINER.

Nous devons ici examiner successivement, si nous pouvons nous exprimer ainsi, la partie réelle et la partie personnelle de l'action en pétition d'hérédité, c'est-à-dire que, dans une première partie, nous traiterons de la restitution des objets héréditaires eux-mêmes, et, dans une seconde, nous parlerons des prestations personnelles auxquelles peut être tenue soit l'une, soit l'autre des parties.

SECTION Iʳᵉ.

Restitution des objets héréditaires.

Le défendeur qui succombe dans l'action en pétition d'hérédité doit être condamné à restituer tous les objets héréditaires, soit corporels, soit incorporels qu'il possède (1). Et sous le nom d'objets héréditaires, il ne faut pas seulement comprendre ceux dont la propriété appartenait au défunt, ou que l'hérédité jacente, sorte de personne morale, a pu acquérir dans de certaines limites, par exemple par l'intermédiaire des esclaves qui lui appartiennent; il faut encore comprendre sous cette expression, les objets « *quorum periculum ad heredem pertinet* (2). » Il est juste en effet, puisque l'héritier est alors responsable des risques, qu'on lui rende l'objet, afin qu'il veille lui-même à sa conservation. C'est ainsi que l'on doit lui restituer les choses qu'il a droit de détenir à titre de gage, de *commodat* ou de dépôt, les objets qu'il est en voie d'usucaper et pour la restitution desquels il aurait l'action publicienne. Dans quelques-unes de ces hypothèses, il aurait eu une action réelle spéciale pour recouvrer l'objet qu'il n'a plus, et alors cette action se trouve comprise dans la pétition d'hérédité. Il n'en aurait pas au contraire au cas de dé-

---

(1) L. 18, § 2, D., de petit. hered.
(2) L. 10, pr., D., de petit. hered.

pôt et de *commodat*, à moins d'une clause de *fiducie*, transférant la propriété au dépositaire ou à l'emprunteur, avec stipulation qu'elle sera re-
transférée au déposant ou au prêteur. Mais, la raison d'équité que nous
avons indiquée plus haut subsistant toujours, on a néanmoins accordé la
pétition d'hérédité.

Le défendeur condamné devra même restituer les objets que le défunt pouvait garder par droit de rétention, mais qu'il n'aurait pu recouvrer par voie d'action (1). Il restituera également les objets que le
défunt possédait *pro herede* ou *pro possessore*, et dont par conséquent la
possession le rendait passible lui-même de la pétition d'hérédité (2).

Nous avons dit que l'on devait restituer les droits comme les objets
héréditaires. C'est à ce titre que toutes les actions que pouvait avoir le
défunt entrent dans la pétition d'hérédité ; peu importe leur origine,
soit qu'elles naissent d'un contrat ou d'un quasi-contrat, soit qu'elles
naissent d'un délit ou d'un quasi-délit. Le possesseur devra donc restituer l'action *ex vendito* qui lui aurait permis d'obtenir le prix de l'objet
héréditaire vendu, l'action *pigneratitia directa* servant à réclamer un
gage, les actions *furti, legis Aquiliæ, vi bonorum raptorum* (nous ne
mentionnons pas l'action d'injures, laquelle a un caractère de personnalité qui en empêche la transmission), les interdits exhibitoires et res-
titutoires, etc., etc. Ces actions faisant partie de la pétition d'hérédité,
conservent le plus souvent leur nature, à moins que quelque circonstance particulière ne vienne y mettre obstacle. Par exemple, l'action de
la loi *Aquilia* entraîne une condamnation au double *adversus infician-
tem* ; mais cette condamnation n'a d'autre but que de punir la négation
du délit dont on demande la réparation ; or, si, au lieu de nier ce délit,
le défendeur vient nier seulement la qualité d'héritier qui seule permettrait à son adversaire d'exercer cette action, la punition n'a plus de base ;
la condamnation ne saurait donc s'élever au double. Concluons de cette
explication que c'est à tort que Cujas a voulu voir là une conséquence
du faux principe que l'action en pétition d'hérédité est une action de
bonne foi. Le principe et la conséquence s'évanouissent devant ce que
nous venons de dire (3). Mais nous ne trouvons point de traces d'une
semblable altération de la nature de l'action dans l'espèce suivante :

---

(1) L. 19, § 2, D., de petit. hered.
(2) L. 13, § 11, D., de petit. hered.
(3) L. 20, § 4, D., de petit. hered.

nous voulons parler du cas où une action noxale est comprise dans la pétition d'hérédité (1). Si la condamnation qui suit une semblable action a été prononcée du vivant du défunt, lorsque l'héritier intentera contre le débiteur l'action en pétition d'hérédité, celui-ci ne pourra plus faire l'abandon noxal. En effet, dans cette action, l'abandon noxal n'est que *in facultate solutionis;* ce que l'on doit demander, c'est le montant principal de la condamnation, et l'action *judicati,* intentée à ce sujet, fixant la nature de cette condamnation, interdit à l'avenir toute possibilité d'abandon noxal (2). Or, le faux titre d'héritier que prend l'adversaire pour échapper à la condamnation qui va le frapper ne saurait lui permettre d'échapper à cette condamnation.

Le demandeur en pétition d'hérédité ne peut pas évidemment se faire payer avant l'arrivée du terme ou l'accomplissement de la condition. Dans ce cas, le juge devra-t-il absoudre purement et simplement le défendeur, au risque de forcer le demandeur à intenter un nouveau procès lors de l'échéance du terme ou de l'accomplissement de la condition ? Non, d'après Ulpien, Octavenus et Pomponius (3); mais il forcera le défendeur à donner caution au demandeur de payer à cette époque.

Celui qui possède *pro herede* ou *pro possessore* une créance de la succession est tenu par notre action d'en céder l'exercice au demandeur par une *procuratio in rem suam.* Mais s'il est ainsi tenu de céder ce qu'il possède de l'hérédité, il n'est pas tenu de céder ce qui lui est dû pour tort à lui fait personnellement. Par exemple dans l'hypothèse de la cession de l'interdit *unde vi,* ce qu'il cèdera, c'est purement et simplement l'action en réintégrande (4); mais il ne cèdera pas son droit à des dommages-intérêts ; car ces dommages-intérêts, réparation de l'interruption apportée à la jouissance, ne peuvent être dus qu'au possesseur (5).

Quelque simples que puissent paraître les déductions à tirer de notre principe de restitution de tous les objets héréditaires, elles sont loin cependant d'en découler toutes sans difficulté, et quelques textes du Digeste nous offrent, à ce sujet, des décisions véritablement peu explicables. C'est ainsi que nous voyons Paul déclarer que , si l'héritier a complété

---

(1) L. 20, § 5, D., de petit. hered.
(2) L. 6, § 1, D., de re judicata.
(3) L. 16, pr., D., de petit. hered.
(4) L. 40, § 2, D., de petit. hered.
(5) L. 24, D., de petit. hered.

l'usucapion *pro emptore* commencée par son auteur, il ne pourra pas faire valoir ses prétentions par la pétition d'hérédité! Il est propriétaire à titre singulier; qu'il revendique! dit un texte (1); et Cujas de trouver ce motif très-plausible (2). Cependant, si le possesseur nie, non point l'usucapion du défunt *pro emptore*, mais la possibilité pour l'héritier de joindre sa possession à celle du défunt parce qu'il n'est pas héritier, et que lui seul demandeur a des droits héréditaires, comment expliquer que l'action en pétition d'hérédité soit alors inadmissible? d'autant plus que ces objets sont soumis alors à l'action *familiæ erciscundæ* (3). Dans cette dernière action, dit Cujas, la qualité d'héritier n'est pas mise en question. Sans doute! mais c'est justement lorsqu'elle est mise en question qu'on doit pouvoir intenter la pétition d'hérédité.

Autre difficulté. Le même Paul, dans un autre texte, nous dit que les servitudes ne sont pas comprises parmi les choses à restituer (4). Il s'agit ici des servitudes prédiales. Et pourquoi donc? Parce que la servitude est une chose incorporelle, et que dès lors elle n'admet pas de restitution matérielle : c'est ce que dit notre texte, approuvé sur ce point par Cujas (5) et Doneau (6). Mais alors quelle action aura donc l'héritier pour faire respecter son droit? l'action confessoire; et à quoi aboutira cette action? à une restitution, sans doute? non; mais à une caution de respecter le droit, c'est la loi 7, *si servitus vindicetur*, qui nous l'apprend. Or, la pétition d'hérédité a-t-elle un autre but? N'avons-nous pas vu tout à l'heure qu'à défaut de restitution possible, dans le cas d'une créance à terme ou conditionnelle, la pétition d'hérédité aboutissait également à une caution? L'explication donnée par le texte et adoptée par les auteurs n'en est donc pas une, et l'on n'aperçoit pas les motifs de décision de ce texte.

SECTION II.

Prestations personnelles comprises dans la pétition d'hérédité.

Examinons successivement sur ce point ce que le possesseur peut de-

---

(1) L. 19, § 1, D., de petit. hered.
(2) Cujas, ad h. leg.
(3) L. 9, D., famil. ercisc.
(4) L. 19, § 3, D. de petit. hered.
(5) Cujas, ad h. leg.
(6) Doneau, V, p. 659.

voir à l'héritier, et réciproquement ce que l'héritier peut devoir au possesseur.

§ 1er. — Prestations dues par le possesseur à l'héritier.

Le possesseur de l'hérédité n'est pas seulement tenu par la pétition d'hérédité de restituer les objets héréditaires. Nous avons dit qu'il était encore tenu de prestations personnelles. Ces prestations personnelles peuvent avoir pour cause soit les augmentations qui sont venues s'adjoindre à la masse héréditaire, soit le remplacement des biens de la succession par des équivalents, soit enfin les diminutions qui ont pu se produire dans cet ensemble de biens.

I. Prestations personnelles à l'occasion des augmentations qui ont pu enrichir la succession. Nous n'insisterons pas ici sur les augmentations qui peuvent être le résultat de l'accession. Cet examen nous ferait rentrer dans la théorie de la restitution des choses héréditaires : du moment qu'une chose s'est ainsi accrue, elle doit être livrée *cum omni sua causa*, et cette restitution ne constitue point une prestation personnelle ; mais ce qui doit nous occuper ici, c'est la restitution de ces produits périodiques que l'on appelle fruits, soit naturels, soit civils.

En commençant cette matière des prestations personnelles, nous nous trouvons d'abord en présence d'une distinction, qui, jusqu'alors inutile, doit désormais s'offrir continuellement à nous. Il s'agit de la distinction entre le possesseur de bonne foi et le possesseur de mauvaise foi. On comprend en effet facilement que, quelque faveur que puisse mériter le premier possesseur, sa bonne foi ne saurait être un titre pour garder le bien d'autrui qu'il a entre les mains. L'obligation de restituer doit être dans ce cas la même pour tous les possesseurs. Au contraire, quand on vient demander compte à un possesseur de ce qu'il n'a plus entre les mains, on est en droit de se montrer plus sévère envers le possesseur de mauvaise foi qu'envers celui de bonne foi. Dans notre matière on appelle possesseur de bonne foi celui qui croit que l'hérédité lui appartient, soit par suite d'une erreur de fait, soit par suite d'une erreur de droit. Sur ce point un texte formel déroge aux principes généraux qui refusent d'admettre l'erreur de droit comme suffisante pour fonder une possession de bonne foi (1).

_____

(1) L. 25, § 6, D., de petit. hered.

La base des distinctions qu'il faut faire sur le montant des prestations personnelles dont sont tenus les possesseurs de bonne ou de mauvaise foi se trouve dans un sénatusconsulte célèbre, rendu sur la pétition d'hérédité sous le règne d'Adrien. Ce sénatusconsulte est appelé par les interprètes sénatusconsulte Juventien, du nom de l'un des consuls *qui verba fecerunt*, c'est-à-dire qui en exposèrent les motifs au sénat. Le texte en est cité au Digeste (1); mais peut-être n'y est-il pas complet; car on pense généralement et non sans motifs qu'il a abrogé l'usucapion *pro herede*; or, dans le texte que nous a laissé le Digeste, il n'est aucunement question de cette abrogation. Ce sénatusconsulte veut que le possesseur de mauvaise foi, qui jusques-là avait sans doute toujours été tenu de ne pas détériorer la chose qu'il détenait, mais n'était pas obligé de la faire fructifier, parce qu'il n'était pas dans un rapport d'obligation vis-à-vis du véritable héritier, soit désormais tenu dans cette dernière limite, et restitue à l'héritier la valeur des fruits qu'il a négligé de percevoir. Pour le possesseur de bonne foi au contraire, il ne sera jamais tenu que dans la limite de ce dont il s'est enrichi, *quatenus locupletior factus est*. Reste à préciser l'époque où devra exister l'enrichissement.

Cette question ne s'élève pas seulement en matière de pétition d'hérédité. C'est ainsi que dans les actions pénales, l'action elle-même ne peut être donnée contre les héritiers du coupable; mais cependant on peut poursuivre ces derniers *quatenus locupletiores facti sunt*. Notre question a certainement donné lieu à des controverses chez les jurisconsultes romains, et, en ce qui concerne l'action *quod metus causa* par exemple, nous trouvons trois systèmes bien tranchés. Le premier, qui est d'Ulpien, consiste à ne considérer que le moment de la litiscontestation. Peu importe que l'héritier soit devenu plus riche à tel moment donné qui a précédé celui-là; il ne restituera que le gain qui lui restait au moment de la litiscontestation (2). Dans un sens tout à fait opposé nous trouvons Paul qui veut que l'héritier soit tenu du moment qu'à une époque quelconque il a tiré profit du délit, quand même plus tard ce profit se serait échappé de ses mains (3). Enfin, entre ces deux avis opposés, nous en trouvons un troisième mitoyen de Julien (4). L'héritier, même ayant

(1) L. 20, § 6, D., de petit. hered.
(2) L. 20, D., quod metus causa.
(3) L. 127, D., de regulis juris: l. 17, D., quod metus causa.
(4) L. 48, D., quod metus causa.

profité du délit, ne sera plus tenu, suivant lui, dès que ce qui constituait son profit aura péri; mais du moment que son profit, au lieu de consister dans des corps certains, se sera transformé en argent, l'héritier doit être tenu *in perpetuum* de la somme qu'il aura ainsi retirée; car les genres ne périssent pas, *genera non pereunt*, et, si l'on était obligé de prouver contre lui que le profit subsiste encore, la confusion de l'argent qu'il aurait reçu comme bénéfice avec celui qu'il aurait dans sa caisse rendrait cette preuve trop difficile. La même controverse a-t-elle existé dans le cas de pétition d'hérédité? Les mêmes motifs de l'élever semblent subsister. Cependant elle n'y a pas laissé autant de traces; l'opinion mixte de Julien ne s'y retrouve plus; celle d'Ulpien au contraire est de nouveau reproduite dans un texte de notre titre (1). Enfin Paul dit bien encore son mot sur la question; mais il semble abandonner son opinion pour tomber dans l'extrême contraire, et paraît enseigner que le profit doit subsister encore au moment de la sentence (2). Cependant, la loi 127, *de regulis juris*, où nous l'avons vu professer une doctrine contraire, est tirée de la partie de son ouvrage qui traitait de la pétition d'hérédité. Il faut croire que sans doute il établissait là un parallèle entre la *petitio hereditatis* et l'action *quod metus causa*, pour en faire ressortir toutes les différences. Néanmoins, on s'explique peu les motifs de cette diversité de décisions dans les deux cas. Au fond, Ulpien nous paraît avoir seul raison; le possesseur ne doit point de compte de sa conduite quand il est de bonne foi. Il a agi comme propriétaire, et personne n'a le droit de se plaindre de ses négligences; il était libre de perdre son gain. Après la litiscontestation, il n'en peut plus être de même; désormais il doit des soins à l'objet qu'il détient, parce qu'il sait que cet objet peut être attribué à un autre par le juge. A partir de cette époque, il devra compte même du gain qu'il a omis de faire; il ne sera pas responsable cependant des pertes résultant de cas fortuits. C'est sans doute par suite de cette dernière circonstance que Paul se reporte à l'époque de la sentence dans la loi 36, § 4; mais pourtant il n'y a là que l'application d'une règle tout autre, et la véritable doctrine est celle exposée par Ulpien.

Ces principes généraux et préliminaires étant posés sur la manière dont sont tenus les possesseurs, soit de bonne, soit de mauvaise foi, entrons dans les détails d'application, et voyons d'abord ce qui concerne les fruits naturels.

1) L. 25, § 4, D., de petit. hered.
(2) L. 36, § 4, D., de petit. hered.

Le possesseur de bonne foi doit restituer les fruits qu'il a perçus jusqu'à la litiscontestation et qu'il n'a point consommés. Il n'est tenu que de ce qu'il n'a pas consommé, parce que son obligation de rendre est limitée par la mesure de l'émolument qu'il a retiré. Mais il est tenu de rendre tout ce qui lui reste, *fructus extantes*. Il en était autrement à l'époque des jurisconsultes classiques en matière de revendication. On regardait alors les fruits comme une juste récompense des soins donnés à la chose, et cette idée devenue fausse à l'époque de Justinien, est pourtant encore indiquée aux *Institutes* (1). Dès lors leur simple perception en faisait acquérir la propriété. On attribua donc au possesseur de bonne foi les *fructus extantes* d'une manière définitive (2). Jamais cette décision ne fut appliquée à la pétition d'hérédité. En effet les fruits dans cette action ne jouent plus le rôle d'accessoires vis-à-vis de l'objet qui les a produits comme dans la revendication. Ils viennent accroître la masse et constituent eux-mêmes des biens héréditaires que l'on doit restituer (3). Nous aurons l'occasion de constater d'autres applications de cette idée. Si les règles de la revendication échouèrent pour leur extension à la pétition d'hérédité devant la maxime : *fructus augent hereditatem*, le sénatusconsulte Juventien vint encore introduire une deuxième raison de les écarter, en décidant que le possesseur de bonne foi devait être tenu « *quatenus locupletior factus esset*. Sans doute quand ce possesseur a consommé les fruits, son enrichissement passager a disparu ; en dissipant ainsi ce profit, *non propriæ pecuniæ pepercit*, parce que, ayant à sa disposition des ressources plus grandes, il a dépensé plus largement, *lautius vixit*. Mais, quand les fruits étaient encore entre ses mains, il ne pouvait les garder sans violer cette règle du sénatusconsulte. Telle fut l'influence de cette décision nouvelle, qui parut à tous fort équitable, qu'elle rejaillit même sur la revendication, et y renversa les anciens principes (4).

Après la litiscontestation, la situation du possesseur de bonne foi se transforme complétement ; sans doute un défendeur peut se croire en

(1) Instit., II, 1, § 35.
(2) L. 48, D., de adq. rer. dom.; l. 35, § 1, l. 28, D., de usuris; l. 48, D., quib. mod. ususfr. amitt.; l. 78, D., de rei vind.; l. 2, C., de petit. hered.; M. Pellat, de rei vind., p. 306 et 360.
(3) L. 25, § 20, l. 26, D., de hered. petit.
(4) L. 48, D., de adq. rer. dom.; l. 4, § 2, D., fin. reg.; l. 1, § 2, D., de pign. et hyp.; Inst. II, 1, § 35.

core légitime possesseur; mais il sait cependant qu'il peut intervenir
une sentence en sens contraire. Dès lors le demandeur qui vient à
triompher a désormais le droit de lui demander compte de son adminis.
tration. Il aura donc la faculté de réclamer non seulement les fruits que
le défendeur a réellement perçus depuis la litiscontestation, mais encore
la valeur de ceux, qui suivant l'expression des textes : *percipiendi erant*.
Tout à l'heure, en examinant la position qui est faite au possesseur de
mauvaise foi, nous préciserons la valeur de cette expression. Dans l'ancien droit, on se montrait encore plus rigoureux, et on ne se contentait
pas d'une semblable restitution; on permettait de demander le double,
comme le prouvent les sentences de Paul (1). Du reste, comme les principes qui s'appliquent au possesseur de bonne foi après la litiscontestation sont à fort peu près les mêmes que ceux qui régissent le possesseur de
mauvaise foi (2), les détails viendront avec l'examen de la situation
de ce dernier.

Le possesseur de mauvaise foi n'est point, pour la période qui suit la
litiscontestation, dans une position inférieure à celle du possesseur de
bonne foi sauf une nuance que nous aurons soin de signaler tout-à-
l'heure. Sans doute au point de vue de la morale, il sera toujours moins
excusable; mais la sévérité déployée contre le possesseur de bonne foi
était déjà portée assez loin, pour ne pas avoir besoin d'aggravation au
cas de possession de mauvaise foi. Dans l'ancien droit, il était donc égale-
lement tenu du double de la valeur des fruits qu'il aurait dû percevoir
depuis la litiscontestation. Justinien supprima cette pénalité (3). Il resta
donc tenu tant des *fructus percepti* que des *fructus percipiendi* au simple.
Mais, à la différence du possesseur de bonne foi, il voyait ces obligations s'étendre contre lui à l'époque antérieure à la litiscontestation,
pendant laquelle il avait été de mauvaise foi. Seulement dans ce cas le
droit ancien ne l'obligeait pas à payer le double; les constitutions impériales portèrent seules jusques-là la rigueur (4). Mais Justinien la supprima également dans cette hypothèse,

Il nous reste à nous expliquer sur l'obligation de restituer les fruits
percipiendi. Dans l'ancien droit, le possesseur même de mauvaise foi ne
devait jamais restituer que les fruits perçus pour la période précédant la

---

(1) Paul, sent, I, 13, § 7, et V, 9, § 2,
(2) L. 25, § 7, D., de hered. petit.
(3) L. 2, C., de fructibus et litium expensis,
(4) L. 1, C. Th., de fructibus et litium expensis,

litiscontestation. Jusques-là, en effet, aucun lien d'obligation ne forçait le possesseur de mauvaise foi à faire fructifier la chose qu'il détenait quoique ne lui appartenant pas. Mais le sénatusconsulte Juventien établit que ce possesseur répondrait même de son dol passé (*dolus præteritus venit in hereditatis petitionem*) (1), et non-seulement de son dol, mais de sa faute (*sed et culpa*) (2). Dès lors le possesseur de mauvaise foi dut être tenu nécessairement de la valeur des fruits qui auraient dû être perçus, même avant la litiscontestation (3).

Dans toutes ces hypothèses, que faut-il entendre par *fructus percipiendi*? S'agit-il là des fruits que le demandeur aurait pu percevoir, s'il avait possédé? s'agit-il, au contraire, de ceux que le possesseur pouvait lui-même percevoir? Si l'on considère la question dans tous les cas possibles d'application de ce principe, même hors de notre matière, elle paraît tranchée dans le premier sens par trois textes divers (4), et en sens contraire par six autres textes (5). En ce qui concerne notre matière, quelques auteurs ont soutenu le bien fondé de ces derniers textes, et, voyant ces textes, dont plusieurs parlent spécialement de la pétition d'hérédité, en lutte avec d'autres qui ne s'occupent point de cette matière, ils ont voulu en conclure qu'en matière de pétition d'hérédité on devait examiner ce qu'avait pu percevoir le défendeur, et que dans d'autres matières, dans celle de la revendication par exemple, c'était à la règle contraire qu'il fallait s'attacher (6). Mais il suffit pour les réfuter de faire remarquer que la loi 5, C. *de rei vindic.*, contredit justement le prétendu principe qui, suivant eux, devrait seul régner au cas de revendication. D'autres soutiennent qu'il faut toujours se reporter à la personne du demandeur (7). C'est faire trop bon marché des textes contraires. D'autres encore (8) distinguent, et, il faut le dire avec plus de

---

(1) L. 43, § 2, D., de petit. hered.

(2) L. 35, §§ 2 et 7, D., de petit. hered.

(3) L. 20, § 4, D., de petit. hered.

(4) L. 62, § 4, D., de rei vind.; l. 39, § 1, D., de leg. 1; l. 4, C., unde vi.

(5) L. 25, § 4, D., de petit. hered.; l. 2, C., de fructibus et litium expensis; l. 5, C., de rei vindic.; l. 1, § 1, C., de petit. hered.; l. 3, C., de pignor. act.; l. 2, C., de partu pignoris.

(6) Bucholtz, p. 13 et 14; M.M. Ducaurroy, p. 504, note A, et Etienne, II, p. 540.

(7) Helmbach, p. 168, 170 et 184.

(8) Gluck, Pand. VIII, p. 262, 296-293; Vangerow, 6e éd., p. 745-747.

raison, entre le possesseur de bonne foi et celui de mauvaise foi. Dans le premier cas, on ne doit considérer que ce que pouvait faire le possesseur; c'est une appréciation bienveillante due à sa bonne foi; dans le deuxième cas, au contraire, on considère ce qu'aurait pu faire le demandeur; on comprend les motifs de cette sévérité. Les textes paraissent même s'y prêter; car deux d'entre eux, qui envisagent la question au point de vue du demandeur, ne s'occupent que du possesseur de mauvaise foi. Cependant il n'en est pas de même du troisième, cité dans le même sens; et, dans les textes contraires, rien n'indique une restriction qui en limite l'application au seul possesseur de bonne foi.

Les interprètes que nous venons de citer ont donné ici un exemple de ces explications subtiles, qui, en voulant s'attacher trop littéralement aux textes du droit romain, en forcent l'interprétation. De même que, dans la théorie des fautes, on voulait voir des différences entre la *culpa levis* et la *culpa levissima;* de même ici l'on a voulu en voir entre la manière dont le demandeur aurait pu percevoir les fruits, et celle dont le défendeur aurait dû user en les recueillant. Mais ce ne sont là que des variantes de style qui ne changent rien au fond de l'idée; le demandeur ou le défendeur est pris indifféremment pour le *bonus paterfamilias* qui aurait perçu une certaine quantité de fruits. Pour montrer que l'on doit attacher de l'importance à ces diverses locutions, il faudrait citer un texte mettant en opposition la manière dont le demandeur aurait pu percevoir avec celle dont aurait pu user le défendeur. Or, cette différence n'apparaît que dans un texte, dont la leçon est douteuse, la loi 62, § 1, *de rei vindic.* Si, en effet, cette doctrine ne peut se concilier avec la leçon de la Florentine : *fruiturus sit,* elle est d'accord, au contraire, avec la Vulgate qui porte : *fruitus sit* (1).

Enfin, si l'on tient absolument à adopter le texte de la Florentine, il se prête lui-même facilement à ce système au moyen de l'adoption d'une distinction. Le possesseur de bonne foi, sans doute, n'est jamais en faute de ne pas restituer, si ce n'est après la condamnation; dès lors, comme son devoir est de résister aux prétentions de son adversaire, il faut se garder de le punir de sa résistance; on ne doit lui réclamer à partir de la litiscontestation que ce qu'il pouvait percevoir, en le supposant *diligens paterfamilias.* Le possesseur de mauvaise foi au con-

_____

(1) Savigny, VI, p. 115 et suiv.

traire devait restituer; s'il ne restitue pas il doit être puni du tort que la non-restitution fait éprouver au demandeur. Or, ici cette faute que l'on doit apprécier porterait préjudice au demandeur, si on ne lui procurait la valeur des fruits que lui-même, demandeur, par suite de quelque circonstance extraordinaire, aurait pu percevoir de plus qu'un *bonus paterfamilias*, et cela quoique le défendeur n'ait pu faire fructifier à ce point les choses qu'il possédait (1). Dans ces deux derniers systèmes, il reste à expliquer le mot : *pœne*, du § 3, aux *Institutes* : *de officio judicis*, qui a trait à notre matière, et qui paraît établir une différence, sur le sujet qui nous occupe, entre la pétition d'hérédité et la revendication. Il est probable qu'il aura été tiré de quelque jurisconsulte postérieur au sénatusconsulte Juventien, mais antérieur à son extension à la revendication. Ce sénatusconsulte, en effet, introduisit le premier la règle qui astreint le défendeur à répondre du *dolus præteritus*, et ce n'est que plus tard et par extension que la même règle fut appliquée à la revendication. Jusqu'à l'époque de cette extension, il existait donc des différences entre les règles de nos deux matières. C'est probablement à l'époque où ces différences existaient encore que vivait le jurisconsulte d'où est tiré ce fragment qu'on a oublié de corriger.

Nous rejetterons aussi la doctrine également subtile d'un auteur (2) qui veut distinguer entre les fruits produits qu'on a négligé de recueillir et les fruits qu'on a négligé de faire produire, et ne rendre le possesseur responsable que des premiers. Cette nouvelle subtilité est basée sur l'emploi différent des deux mots : *percipere et colligere*. Mais il ne faut voir là encore que des variantes de style qui ne peuvent justifier l'adoption d'un système contraire à toutes les notions fournies par l'équité (3).

A côté des fruits naturels qui ont fait l'objet des précédentes explications, il faut placer les fruits civils et spécialement les intérêts qui doivent actuellement nous occuper. A partir de quelle époque le possesseur de l'hérédité doit-il à l'héritier l'intérêt des sommes qu'il détient comme objets héréditaires?

---

(1) M. Pellat, sur la loi 62, § 4, D., de rei vindic.
(2) Heimbach, p. 171-178.
(3) Il est bien évident, en ce qui concerne les *fructus percipiendi*, que l'héritier ne peut pas réclamer ceux qui n'auraient pu être perçus que par des moyens déshonnêtes. Ce serait un encouragement et même une sorte de contrainte à commettre un acte illicite. Mais le possesseur devait au contraire restituer ceux qui avaient été perçus par ces moyens; on lui enlevait ainsi le gain produit par l'acte illicite (l. 27, § 4 ; l. 52, D., de hæred. petit.).

Si tout possesseur doit restituer les fruits perçus, le possesseur de bonne foi jusqu'à concurrence de ce dont il s'est enrichi, et le possesseur de mauvaise foi sans aucune distinction, les doutes s'élèvent au contraire en ce qui concerne les intérêts perçus des sommes héréditaires. C'est qu'en effet, lorsqu'il s'agit de faire produire à un objet des fruits naturels, on peut les lui faire produire par soi-même sans l'exposer pour cela à des risques. Au contraire, quand on place une somme d'argent pour lui faire produire des intérêts, on l'expose aux risques de l'insolvabilité du débiteur. Or, le droit romain attribuait généralement le profit des intérêts à celui qui devait supporter les risques de l'insolvabilité (1). Dans l'espèce, le possesseur de bonne foi ne court sans doute aucun risque; il a traité cette affaire comme la sienne propre; on ne peut rien exiger de lui sous prétexte de la négligence qu'il y aurait apportée; il aurait dissipé lui-même cette somme qu'il ne serait pas responsable. Par conséquent, si le placement a été mauvais, le demandeur en pétition d'hérédité en supportera seul les conséquences. Mais, puisqu'il ne court aucun risque, il est juste de lui faire en ce qui concerne les intérêts une situation semblable à celle qui lui est faite en ce qui concerne les fruits naturels. Il est juste qu'il soit tenu *quatenus locupletior factus est* ici comme partout ailleurs. Pour le possesseur de mauvaise foi, au contraire, il est responsable du placement. Devra-t-il donc garder les intérêts qu'il a perçus, en vertu des principes exposés plus haut? Cet argument a entraîné plusieurs auteurs à la solution affirmative (2). Cependant remarquons que, dans l'espèce, les risques, pour lesquels on voudrait lui accorder une compensation, peuvent cependant, par la suite des événements, ne lui avoir fait éprouver aucune perte. Le laissera-t-on donc dans ce cas s'enrichir aux dépens du véritable héritier, sous le curieux prétexte d'un danger qui n'a pas eu de résultat? et cela pour lui faire une situation différente de celle qui est imposée au possesseur de bonne foi? Aussi d'autres interprètes sont-ils, et avec raison, suivant nous, d'un avis opposé (3). Seulement puisque, comme nous allons le dire, le possesseur de mauvaise foi ne saurait être tenu de placer l'argent héréditaire, nous lui permettrons, si le débiteur est devenu insolvable, d'imputer sur le capital qu'il devra resti-

---

(1) L. 67, § 1, D., pro socio; l. 10, § 8, D., mandati.
(2) Accurse, Ant. Favre, Gluck.
(3) Cujas, ad h. leg.

tuer à l'héritier les intérêts qu'il a perçus, et nous le considérerons dans cette hypothèse comme n'ayant point placé l'argent. C'est dans ce sens que nous admettons jusqu'à un certain point que les intérêts soient regardés comme une compensation des risques.

Nous venons de voir que tout possesseur d'une hérédité doit les intérêts qu'il a perçus des sommes héréditaires. Ne doit-on pas cependant faire une distinction, suivant la nature des sommes placées? Que dire par exemple si la somme placée se composait d'intérêts déjà perçus? Faut-il appliquer ici la règle : *fructus fructuum, usuræ usurarum non debentur* (1)? Non; un texte formel repousse toute distinction de ce genre (2)! Et ce texte se concilie parfaitement avec la règle. En effet, nous l'avons déjà dit, ce n'est pas à titre de fruits ou d'intérêts, mais à titre d'objets héréditaires, que ces fruits ou intérêts doivent être restitués. Par conséquent les intérêts perçus de ces sommes héréditaires comme de toutes autres doivent être rendus sans distinction.

Que dire maintenant des intérêts qui auraient pu être perçus? Le possesseur d'une hérédité est-il tenu de placer les sommes héréditaires? S'il ne les a pas placées, mais s'en est seulement servi pour son usage personnel, en doit-il les intérêts? Quant au possesseur de bonne foi, il ne saurait être responsable de rien; s'il n'a pas placé l'argent de la succession, *rem quasi suam neglexit;* personne ne peut le rechercher à ce sujet. Au contraire, supposons qu'il s'en soit servi pour ses propres besoins, il semblerait qu'il doit alors les intérêts; mais le sénatusconsulte l'exonère formellement de cette charge (3). Tout ce qu'on peut dire, c'est qu'il devra rendre ce dont il s'est enrichi, en supposant que son enrichissement puisse être prouvé. Mais il est certain qu'il ne devra pas, quand même, payer les intérêts des sommes dont il s'est servi. Le possesseur de mauvaise foi, en sens inverse, serait tenu, d'après les mêmes textes (3), de payer les intérêts des sommes dont il s'est ainsi servi; en s'en emparant, en confondant l'argent de la succession avec le sien, il n'est plus attaqué comme détenteur de biens héréditaires, mais comme débiteur d'une somme d'argent dont il payera les intérêts. Mais si, au lieu d'opérer cette confusion, il a conservé l'argent, *in specie,* dans sa caisse, pourra-t-on lui reprocher de ne l'avoir point placé? Et

---

(1) D. 45, D., de usuris.
(2) L. 51, § 1, D., de hered, petit.
(3) L. 20, §§ 6, 11, 12 et 15, D., de hered. petit.

d'abord, il pouvait certainement se dispenser de le placer, lorsque le défunt avait lui-même inauguré ce mode d'administration. Ainsi, c'était de l'argent que le *de cujus* avait mis en réserve pour ses besoins imprévus; le possesseur a pu continuer à en user de même (1). Mais faut-il restreindre à cette hypothèse particulière le texte de la loi 20, § 14, *de hered. petit.*, et décider avec M. de Savigny (2) que dans les autres cas le possesseur de mauvaise foi serait responsable de n'avoir point placé l'argent? Je ne nie pas les heureux efforts faits par l'illustre auteur pour restreindre le sens de cette loi (3), mais il me semble que la fin de la loi 62, *pr., de rei vindic.*, détruit l'argument qu'il en avait tiré au commencement; car, le motif de la décision de cette loi, savoir; que l'on ne peut pas reprocher au possesseur de n'avoir pas placé l'argent, parce qu'il aurait été obligé d'en supporter les risques, est applicable dans tous les cas, et il me semble fort bien justifier la décision générale de la loi 20, § 14 (4). Enfin, dans l'hypothèse où l'argent aurait été placé et où l'insolvabilité du débiteur aurait empêché le possesseur de percevoir des intérêts échus, nous croyons que ni le possesseur [de bonne foi, ni celui de mauvaise foi, ne seraient tenus de ces intérêts. Pour le possesseur de bonne foi, cette solution ne peut offrir aucune difficulté; quant au possesseur de mauvaise foi, puisqu'il n'est pas tenu de placer l'argent, on ne peut exiger de lui que les intérêts qu'il a réellement perçus, et qui l'enrichiraient aux dépens de l'héritier (5).

Après la litiscontestation, le possesseur de l'hérédité est tenu des intérêts judiciaires. Ces intérêts, il les doit dans les limites que nous venons d'indiquer pour le possesseur de mauvaise foi, et il les doit, quand même il serait de bonne foi. Tout possesseur, en effet, devient de mauvaise foi après la litiscontestation. Notons seulement une différence en ce qui concerne les intérêts des intérêts. Ils ne sont plus dus pour les intérêts échus après la litiscontestation. Cet adoucissement peut paraître singulier, mais c'est une conséquence exacte des véritables principes. Après la litiscontestation, les intérêts qui viennent à échoir ne sont

---

(1) L. 20, § 14, D., de hered. petit.
(2) De Savigny, Traité de droit romain, § 271.
(3) Arg. de la l. 79, § 1, D., de leg. III.
(4) La loi 31, § 4, D., de petit. hered. ne corrobore-t-elle pas encore cette opinion? Tel est l'avis de Mulhenbruch, doctrina Pandectarum, p. 640.
(5) La loi 31, § 4, paraît encore favoriser cette opinion.

compris dans l'ordre de restitution du juge que comme accessoires; le juge ordonne de restituer l'hérédité *cum suâ causâ*. Les intérêts, perdant alors leur caractère d'objet principal qu'ils avaient auparavant, c'est le cas d'appliquer la règle que nous avons citée tout à l'heure.

La restitution des intérêts peut s'appliquer, dans les limites que nous venons d'indiquer, à l'argent trouvé dans la succession, au prix de vente des choses héréditaires (1), aux sommes reçues des débiteurs héréditaires. Terminons par deux remarques qui vont modifier sensiblement les règles que nous avons indiquées. Lorsque le possesseur de mauvaise foi a placé une somme héréditaire, l'héritier a toujours le droit de réclamer le capital qui a été placé ; mais, quant aux intérêts échus et non payés, ils ne seront également pour lui que s'il veut bien ratifier l'opération du prêt et la prendre à ses risques et périls. Quant au possesseur de bonne foi, on ne peut jamais réclamer de lui que les actions qu'il a pour se faire restituer la somme et payer les intérêts (2). En second lieu, chaque fois qu'il est permis au véritable héritier de considérer le possesseur qui n'a plus entre ses mains l'objet héréditaire comme le possédant encore, dans ce cas il réclame l'estimation de l'objet lui-même et des fruits naturels qu'il aurait pu produire, ce qui exclut la production des intérêts.

II. *Prestations personnelles dues par suite du remplacement des biens de la succession par des équivalents.* — Sur ce point, nous retrouvons encore la distinction capitale du possesseur de bonne foi et du possesseur de mauvaise foi. Nous y devons parler de deux hypothèses principales : la première est celle où le possesseur s'est fait payer par les débiteurs de la succession. Il n'est plus alors tenu de restituer la créance héréditaire éteinte par le payement, mais il rendra ce que lui ont payé les débiteurs héréditaires. Le possesseur de mauvaise foi devra rendre le tout sans distinction : le possesseur de bonne foi sera obligé de restituer seulement ce qu'il aura gardé, et qui l'enrichirait aux dépens de l'héritier. La deuxième hypothèse est celle où le possesseur a vendu des objets héréditaires et en a touché le prix. Pour le possesseur de bonne foi, il ne doit que ce prix, quand même il serait inférieur à la valeur de la chose. Que s'il n'a point gardé ce prix, et a acheté plus tard avec cet argent un nouvel objet, ce nouvel objet n'entrera pas dans

---

(1) L. 15, D., de usuris.
(2) L. 30, D., de hered. petit.

la pétition d'hérédité; jamais il ne fut héréditaire; mais, s'il est de moindre valeur que la somme qu'il a coûtée, le possesseur ne devra que cette dernière valeur en argent. Quant au possesseur de mauvaise foi, aucune restriction semblable n'est apportée à ses obligations; et, comme nous le verrons plus tard en parlant de l'action utile en pétition d'hérédité, il doit toujours la valeur de l'objet qu'il a vendu, quoiqu'il arrive plus tard. Que si, avec l'argent héréditaire, le possesseur a acheté un objet quelconque; s'il est de bonne foi, il ne sera tenu que de ce dont il s'est enrichi; s'il est, au contraire, de mauvaise foi, il devra toujours restituer la somme que l'objet acheté lui a coûté.

III. *Prestations personnelles dues pour les diminutions qui ont pu se produire dans la masse héréditaire.* — Avant la litiscontestation, le possesseur de bonne foi n'est responsable d'aucune détérioration; il ne doit que le gain qui lui reste; mais ce gain, il le doit tout entier. Ainsi, il a donné un bien héréditaire; il ne doit plus, à l'occasion de ce bien, que la valeur de ce que le donataire reconnaissant a pu lui donner à lui-même (1); mais n'allons pas conclure de ce qu'un possesseur aura eu soin, en dissipant une partie de ses biens, de ne dissiper que ceux de la succession, ou de ce que ce possesseur n'aura pourvu à ses dépenses qu'à l'aide de ces seuls biens, qu'il ne doit plus rien parce qu'il n'a plus entre les mains aucun objet héréditaire; il est encore tenu envers l'héritier *quatenus propriæ pecuniæ pepercit;* il lui doit encore ce qu'il aurait dépensé sur ses propres biens, si rien n'en était venu accroître la quantité, ce qu'il aurait pris sur son propre patrimoine resté dans son état primitif (2). C'est bien là un gain qu'il a fait, et qu'il doit restituer; car, sans cela, son patrimoine aurait diminué d'autant.

Le possesseur de mauvaise foi doit toujours compte des détériorations produites par son dol; mais ce sujet reviendra plus à propos sur l'action utile en pétition d'hérédité. Quant aux cas fortuits, ce possesseur en est responsable à un plus haut degré que le possesseur de bonne foi, même après la litiscontestation. En effet, le possesseur de mauvaise foi est toujours en demeure de restituer; il doit donc répondre de toutes les suites de son défaut de restitution. Le possesseur de bonne foi, même après la litiscontestation, peut n'être pas en demeure; car, tant qu'il croit son droit fondé, on ne peut pas lui faire de reproches de ne pas l'aban-

---

(1) L. 25, § 11, D., de hered. petit.
(2) L. 25, §§ 15 et 16, D., de hered. petit.

donner. De là la distinction suivante, qui a prévalu après des divergences d'opinions entre les deux écoles de jurisconsultes. Le possesseur de bonne foi n'est jamais tenu des cas fortuits; car, sans cela, la crainte de les subir le forcerait à abandonner précipitamment sa défense. Le possesseur de mauvaise foi, au contraire, en est tenu, à moins que les deux conditions suivantes ne soient réunies, savoir : que la chose eût péri également chez l'héritier, et que cet héritier n'eût pas l'intention de la vendre (1).

§ 2. — Prestations dues par l'héritier au possesseur.

Ce n'est pas seulement le possesseur qui est tenu envers l'héritier, à certaines prestations personnelles; l'héritier qui réclame la restitution des objets héréditaires peut également se trouver obligé envers le possesseur à certaines prestations. Personne, en effet, ne doit s'enrichir aux dépens d'autrui; il ne faut donc pas que cet héritier profite de la conservation ou de l'amélioration des objets héréditaires, lorsqu'elle est due aux soins du possesseur, sans indemniser ce dernier de ses soins; mais, sur ce point encore, il faut distinguer le possesseur de bonne foi du possesseur de mauvaise foi; et l'héritier devra, sous ce rapport, un compte plus sévère au premier qu'au dernier.

Parlons d'abord des dépenses que le possesseur a faites à l'occasion des objets héréditaires; elles peuvent se diviser en trois catégories : 1° les dépenses nécessaires; 2° les dépenses utiles; 3° les dépenses voluptuaires. Ulpien nous définit parfaitement chacune de ces classes de dépenses lorsqu'il dit : « les dépenses nécessaires sont celles en l'absence desquelles la chose aurait été détériorée; les dépenses utiles sont celles en l'absence desquelles sans doute une détérioration ne se serait point produite, mais qui ont cependant donné plus de valeur à l'objet; les dépenses voluptuaires enfin n'ont pas été nécessitées par la conservation de l'objet, et ne l'ont pas même amélioré (2). »

Le possesseur de bonne foi a droit au remboursement de ses dépenses

---

(1) L. 40, D., de hered. petit.; l. 15, § 3, D., de rei vindic.; l. 42, § 4, D., ad exhib.; l. 47, § 6, D., de leg. I; l. 14, § 1, D., depositi. V. sur ce point M. Pellat, sur la l. 15, § 3, de rei vindic.

(2) Ulpien, reg. juris, VI, §§ 14-17.

nécessaires, cela va sans dire : le possesseur de mauvaise foi lui-même a droit à une semblable restitution. La justice ne peut permettre à l'héritier de garder un objet sans rembourser les dépenses qu'il eût été obligé de faire lui-même pour le conserver. Pour les dépenses utiles, l'héritier doit également les rembourser au possesseur de bonne foi; il lui doit même le remboursement des dépenses voluptuaires. En effet le possesseur de bonne foi n'est tenu qu'autant qu'il est enrichi. Or, pour connaître exactement le *quantum* de son enrichissement, il faut nécessairement déduire de la valeur des objets héréditaires qu'il a encore entre les mains toutes les dépenses qu'il a faites à l'occasion des biens de la succession (1). Mais, pour ces deux dernières classes de dépenses, les règles ne sauraient être les mêmes vis-à-vis des possesseurs de mauvaise foi, et l'héritier a le droit de se montrer plus difficile lorsqu'il s'agit de les satisfaire. Cependant il ne faut pas non plus pousser trop loin la rigueur, et, si quelques textes nous obligent à croire que, du moins à une certaine époque, en matière de revendication, on repoussait le possesseur de mauvaise foi par une fin de non-recevoir résultant d'une présomption déraisonnable de donation (2), la loi 38 de notre titre exclut fort heureusement un semblable système pour la pétition d'hérédité. L'héritier devra restituer la plus-value seulement, si elle est inférieure à la dépense, car c'est tout ce dont il profite; la dépense seulement, si elle est inférieure à la plus-value, car le possesseur est ainsi rendu indemne. Enfin, pour les dépenses voluptuaires, on ne saurait forcer l'héritier à les supporter; car le possesseur de mauvaise foi pourrait ainsi, par malice, le forcer à des dépenses qu'il ne pourrait payer, et d'ailleurs, dans ce cas, la plus-value est nulle. Seulement le possesseur pourra enlever tout ce qui est susceptible d'être emporté sans dégrader la chose héréditaire. Telle est la décision fort équitable des textes de notre matière (3). Enfin il peut se faire que le possesseur ait fait des dépenses utiles, mais que cependant l'héritier soit hors d'état de payer la plus-value. Dans ce cas, on sacrifiera sans nul doute à l'héritier le possesseur, qui est de mauvaise foi, si cet héritier a un intérêt légitime à conserver l'objet. Le possesseur ne pourra qu'enlever ce qui lui appartient

---

(1) L. 38, l. 30, pr. et § 1, D., de hered. petit.
(2) Instit. II, 1, § 30; l. 27, D., de rei vindic.; l. 7, § 12, D., de adq. rer. dom.; l. 5, C., de rei vindic.; contra, l. 2, C., de rei vindic.
(3) L. 38, l. 39, pr. et § 1, D., de hered. petit.

à la condition toutefois de ne rien dégrader; l'héritier gardera même
ce qui pourrait être enlevé dans ces conditions, s'il peut en payer la valeur (1). Du reste, rien n'empêchera de faire encore sur ce point quelques distinctions que l'équité pourra réclamer. Un texte fait l'application spéciale de ces principes, au cas de dépenses faites pour la production
des fruits (2).

Il peut encore y avoir lieu aux prestations personnelles dont nous
parlons en ce moment dans le cas où le possesseur a payé, par exemple,
des créanciers de la succession. Une logique trop subtile pour être juste
tendrait à faire croire que, dans cette hypothèse, il n'est rien dû par
l'héritier au possesseur; car, dirait-on, le possesseur a payé en son nom
et non en celui de l'héritier. Dès lors ce dernier, n'étant pas libéré, ne
devrait rien. Mais il faut remarquer que le créancier ne peut pas se
faire payer deux fois. Le possesseur, dans la théorie proposée, a une
condictio indebiti pour se faire restituer ce qu'il a payé indûment, et ce
que procurerait cette *condictio* devrait être appliqué à la libération de
l'héritier. Il suffira donc au possesseur de céder à l'héritier cette *condictio indebiti* pour que celui-ci doive, à son tour, lui tenir compte de
cette libération indirecte qui lui permet de repousser le créancier par
une exception de dol. Quant au possesseur de mauvaise foi, il n'a point
de *condictio indebiti*, puisqu'il n'a pas payé par erreur (3). Mais il aura
droit à la même restitution que le possesseur de bonne foi, en donnant
caution de venir défendre l'héritier s'il est attaqué. Du reste, il pourra
arriver quelquefois que l'exception de dol soit inefficace, et si le possesseur de bonne foi n'a point à supporter les conséquences de cette
inefficacité du moment qu'il n'est pas devenu plus riche, il n'en saurait être de même du possesseur de mauvaise foi. Par exemple le payement a été fait à un pupille qui a tout consommé ; ce sera au possesseur
de mauvaise foi à supporter les conséquences de sa faute (4).

Enfin on devra indemniser le possesseur des charges qu'il a subies,
des obligations qu'il a contractées à l'occasion de l'hérédité. Ainsi le
possesseur a vendu un objet héréditaire, l'héritier demande la restitution du prix; il ne l'obtiendra qu'en donnant caution au possesseur de

(1) Arg. de la l. 38, D., de rei vindic.
(2) L. 37, D., de hered. petit.
(3) L. 1, § 1, l. 50, D., de condict. indeb.
(4) L. 31, pr., D., de hered. petit.

le décharger de toutes les obligations d'un vendeur, spécialement de celle de garantie. Il en sera ainsi du moins vis-à-vis du possesseur de bonne foi; nous parlerons plus tard sur l'action utile en pétition d'hérédité du possesseur de mauvaise foi (1). Autre exemple; le possesseur avait été obligé de donner la caution *damni infecti* pour une maison héréditaire; l'héritier, qui réclame la restitution de cette maison, devra procurer au possesseur la libération de cette caution et en donner lui-même une autre (2). Passons à une troisième hypothèse. Un possesseur est attaqué en même temps par deux demandeurs. L'un d'eux triomphe avant la fin du procès intenté par l'autre. Le défendeur ne devra restituer de suite l'hérédité à son adversaire vainqueur que si celui-ci lui donne caution de la défendre contre le deuxième prétendant à l'hérédité. Ce n'est pas qu'à défaut de cette caution il puisse être recherché par ce deuxième adversaire pour cette restitution; car c'est sans dol, et par obéissance aux ordres de la justice, qu'il a cessé de posséder. Mais à l'aide de cette caution, on évitera un troisième procès entre les deux prétendants à l'hérédité; le deuxième étant dirigé par le second demandeur contre le demandeur et le défendeur du premier procès à la fois (3). Remarquons seulement et pour résumer ces divers exemples en un seul principe que, pour donner lieu à des prestations personnelles, les obligations contractées doivent avoir pour cause l'hérédité; il ne suffit donc pas que le possesseur ait contracté ces obligations parce qu'il se croyait héritier, il faut encore qu'elles aient trait et rapport à l'hérédité.

Il arrive quelquefois que le possesseur a accompli une obligation héréditaire imparfaite. Par exemple, il a fait élever un monument au défunt, pour se conformer à ses dernières volontés; l'héritier devra néanmoins en rembourser les frais; car les pontifes l'auraient obligé à accomplir ce devoir (4).

Enfin la confusion apparente, qui s'était opérée entre les dettes et les créances du possesseur vis-à-vis de la succession, n'ayant plus de raison d'être, quelles seront les conséquences de cette situation? On devra considérer le possesseur de bonne foi comme ayant payé ses dettes, et

---

(1) L. 20, § 20, D., de hered. petit.
(2) L. 40, § 3, D., de hered. petit.
(3) L. 57, D., de hered. petit.; l. 57, D., de rei vindic.
(4) L. 50, § 1, D., de hered. petit.

on lui restituera les sommes qui lui sont dues. Lorsqu'il s'agit d'un possesseur de mauvaise foi, on ne supposera pas payées les obligations naturelles dont était tenue la succession envers lui, et par conséquent il
ne pourra point en opérer la déduction sur le montant de la restitution.
Ceci est fort juste, car les obligations naturelles n'étant point sanction-
nées par une action, il n'aurait pu en exiger le payement. Néanmoins
on peut rencontrer des hypothèses où il vaudra mieux pour le demandeur supposer que le possesseur s'est payé sur les biens de l'hérédité. Il
en serait ainsi dans le cas où, à défaut de payement, une clause pénale
serait encourue; mais alors il faudra opérer la déduction du montant
de la dette (1).

Ces diverses restitutions s'opèrent toutes en vertu de l'*arbitrium* du
juge, investi du pouvoir d'apprécier la quotité de toutes ces prestations,
puisque la pétition d'hérédité est, dans le sens que nous avons indiqué
plus haut, une action de bonne foi. Il est par conséquent inutile de demander l'exception de dol pour obtenir justice sur ce point, même au
temps de la jurisprudence classique, suivant l'opinion du plus grand
nombre des auteurs. Le juge opérera une déduction entre les prestations dues par l'héritier au possesseur et celles dues par le possesseur à
l'héritier, et condamnera qui de droit à payer la différence à l'autre.

CHAPITRE IV.

CAUSES D'EXTINCTION DE LA PÉTITION D'HÉRÉDITÉ.

Une action réelle peut s'éteindre de deux manières par la prescription.
Un possesseur peut avoir acquis la propriété de l'objet réclamé par la
prescription (usucapion, dans l'ancien droit; *præscriptio longi temporis*,
dans le nouveau); ou, sans considérer la position du défendeur, on
repousse le demandeur parce qu'il est resté trop longtemps sans exercer
son droit. Dans le premier cas, nous n'aurions qu'à traiter ici de l'usucapion *pro herede;* mais nous en avons traité plus haut. Quant au
deuxième point de vue, qu'il nous suffise de dire que, dans l'ancien
droit, les actions étaient perpétuelles, et que c'est seulement sous le ré-

(1) L. 31, § 1, D., de hered. petit.

gne de Théodose II que l'on limita généralement leur durée à 30 ans. La pétition d'hérédité fut l'une des actions soumises à ce laps de temps (1).

TITRE II.

DE L'ACTION UTILE EN PÉTITION D'HÉRÉDITÉ.

———

CHAPITRE Ier.

DE LA PROCÉDURE DE CETTE ACTION.

L'action utile a été créée sous la période formulaire. Lorsque l'on ne se trouvait pas dans le cas précis pour lequel existait une action d'après le droit civil, et qu'il paraissait juste cependant d'étendre l'application de l'action à l'espèce proposée, le préteur, dont la mission consistait souvent à corriger le droit civil, arrivait à atteindre ce but à l'aide de divers moyens. Tantôt il procédait par fictions, et, supposant que l'on se trouvait dans l'hypothèse voulue par le droit civil, il créait ce que l'on appelait une action fictice; tantôt il exposait les faits, sans poser de questions de droit, et ordonnait de condamner si ces faits étaient prouvés; c'était l'action *in factum*. Les deux cas étaient confondus sous le nom d'action utile; cette extension était en effet accordée *utilitatis causa*. La pétition d'hérédité reçut une semblable extension grâce au droit prétorien, confirmé plus tard dans un de ses principaux cas d'application par le sénatusconsulte Juventien. Sous la période des *judicia extra-ordinaria*, cette dénomination continua à subsister, mais elle n'avait plus de raison d'être, puisqu'elle devait son origine à la différence de rédaction de la formule.

———

(1) L. 3, C., de præscr. XXX vel XL ann.

CHAPITRE II.

DES CONDITIONS D'EXISTENCE DE L'ACTION UTILE EN PÉTITION D'HÉRÉDITÉ.

L'action utile en pétition d'hérédité a plusieurs cas d'application que l'on peut ranger en deux catégories : la première comprend les hypothèses où le défendeur détient l'hérédité à un autre titre que celui d'héritier ; la deuxième celles où le défendeur n'est plus par suite de son dol dans les conditions requises pour qu'on puisse intenter contre lui la pétition d'hérédité.

SECTION PREMIÈRE.

Cas où le défendeur détient l'hérédité à un autre titre que celui d'héritier.

Les textes nous en indiquent plusieurs :

1° Le premier se présente en cas de dot : le mari a reçu en dot une hérédité ; cette hérédité, il la possède *pro dote* et non *pro herede.* Il sera tenu de l'action utile en pétition d'hérédité (1).

2° Le deuxième cas et celui qui offre le plus de difficulté, est celui de la vente de l'hérédité. L'acheteur d'une hérédité, s'il est soumis à une action en pétition de l'hérédité, ne peut l'être qu'à l'action utile, comme *emptor universitalis.* Mais dans quels cas le sera-t-il ? Quels effets pourra produire une pareille vente ? Telle est l'importante question qu'il nous faut maintenant examiner. Cette question a beaucoup préoccupé les interprètes du droit français, à propos de la controverse sur la validité des ventes faites par l'héritier apparent

A cette question se rattache nécessairement celle de la validité des ventes des objets particuliers de l'hérédité. Toutes deux sont tranchées par deux textes dont la conciliation donne lieu à la difficulté propo-

***

(1) L. 13, § 10, D., de hered. petit.

sée (1). Dans les deux hypothèses, l'héritier véritable peut attaquer l'héritier apparent, qui a vendu soit toute l'hérédité, soit des objets héréditaires. En effet, si cet héritier apparent est de bonne foi, et s'il a reçu un prix quelconque dont il lui reste quelque chose entre les mains, il est tenu de le rendre par la pétition d'hérédité directe. Que s'il a vendu étant de mauvaise foi, il est tenu comme ayant cessé de posséder par dol en vertu de l'action utile, ainsi que nous le verrons plus loin. Il n'y a donc intérêt à savoir si l'héritier pourra attaquer le possesseur actuel, c'est-à-dire l'acheteur, que si l'on suppose, comme dit la loi 13, § 4, D. *de petit. hered.*, *non extare venditorem, vel modico vendidisse.*

Quant à l'acheteur, il sera certainement tenu s'il est de mauvaise foi, c'est-à-dire s'il savait que l'héritier apparent n'était pas le véritable héritier. Mais, d'après Ulpien, il ne sera tenu que par l'action utile en pétition d'hérédité; car on ne peut considérer comme *prædo*, comme possédant *pro possessore*, celui qui a payé la valeur de l'objet (2); et nous supposons ici un acheteur de l'hérédité; ou, s'il s'agit de l'acheteur d'un objet particulier, la véritable action à intenter contre lui serait la revendication.

Mais que décider dans le cas où cet acheteur est de bonne foi? S'il a acheté l'hérédité toute entière, la loi 12, § 4, D., *de petit. hered.* donne formellement contre lui l'action utile en pétition d'hérédité. Pourquoi cette action utile et non la revendication? Cette dernière action suffirait sans doute; mais il ne faut pas exposer cet acheteur à un trop grand nombre de procès séparés; on donne l'action utile, *ne singulis judiciis vexetur*. Mais aussi cette transformation de l'action ne doit pas lui nuire, et dans les cas où la pétition d'hérédité serait plus rigoureuse que la revendication, elle doit dépouiller ses propres effets pour revêtir ceux de cette dernière action. Ainsi, d'après la jurisprudence classique, le possesseur de bonne foi soumis à la revendication ne devait pas rendre les *fructus extentes*; l'acheteur, dans notre hypothèse, ne les rendra pas non plus, quoique la règle soit différente en matière de pétition d'hérédité (3). Le seul but du préteur est de permettre de l'attaquer par une action unique. La loi 13, § 4, ne paraît mettre aucune restriction à l'exer-

---

(1) L. 13, § 4, l. 23, § 17, D., de hered. petit.
(2) L. 13, § 8, D. de hered. petit.
(3) Voet, Gluck (Pand. VIII, p. 708); M. Pellat, sur l. 62, § 1, D., de rei vindic.

cice d'une semblable action; elle semble même les exclure toutes. Elle suppose en effet, pour donner de l'intérêt à sa décision, que le vendeur *non exstat :* il n'existe plus, il est mort et sa succession est insolvable; ou que le vendeur *modico vendidit,* le prix qu'il a reçu est inférieur à la valeur de l'objet vendu. C'est donc parce que, en attaquant le vendeur, l'héritier n'obtiendrait que peu de chose ou même rien, qu'on lui donne action contre l'acheteur. Il paraît donc certain qu'on peut poursuivre cet acheteur pour le tout; mais cet acheteur de son côté a le droit d'agir en garantie contre son vendeur, et, si l'héritier lui enlève tout, lui, acheteur, pourra-t-il recourir pour le tout contre son vendeur? Accorder un semblable recours en garantie à l'acheteur, c'est obliger l'héritier apparent, supposé de bonne foi, à payer plus qu'il n'a conservé; c'est lui enlever, parce qu'il est vendeur, le bénéfice qu'il a comme possesseur de bonne foi de n'être tenu que *quatenus locupletior factus est.* Or, se peut-il que, par cette voie indirecte, il soit obligé à restituer plus qu'il ne restituerait, s'il était attaqué directement? Il est difficile de le croire; car alors la règle que le possesseur de bonne foi n'est jamais tenu que dans les limites de son enrichissement serait dans l'espèce un non sens. Aussi cette conséquence paraît-elle formellement rejetée par la loi 25, § 17, D., *de hered. petit.,* laquelle s'occupe de l'acheteur d'objets héréditaires. Dans cette loi, le jurisconsulte se demande si, dans le cas de possession de bonne foi, l'héritier peut revendiquer les objets entre les mains de l'acheteur. Et d'abord, se dit Ulpien, l'héritier ne sera-t-il pas repoussé par l'exception *quod prajudicium hereditati non fiat inter actorem et venditorem.* Nous avons déjà parlé de cette exception (jadis *prascriptio*) qui a pour but de ne pas permettre au juge ordinaire de trancher accessoirement les questions de pétition d'hérédité qui sont du ressort du tribunal des centumvirs. Cette exception est-elle ici applicable? Non, lorsque l'héritier apparent vendeur aura dissipé le prix. Dans ce cas, en effet, une semblable exception serait injuste; car, l'héritier véritable ne peut intenter l'action en pétition d'hérédité contre un héritier apparent de bonne foi qui ne possède plus rien. Mais que décider si le vendeur est tenu à garantir son acheteur? Une première explication (1) de la l. 25, § 17, consiste à admettre dans ce cas l'exception : *quod prajudicium,* etc., parce que, dans cette hypothèse, le vendeur,

(1) MM. Toullier, IX, p. 570-580; Duranton, I, nos 567-572.

devant se trouver atteint indirectement, par suite de l'action de l'héritier contre l'acheteur, a intérêt à ce qu'un procès, dans lequel il ne serait point partie, ne préjuge pas la question d'hérédité. C'est de cette exception que parlerait Ulpien, en disant : *et puto posse res vindicari, nisi emptores regressum ad bonæ fidei possessorem habeant.* Mais ce n'est là qu'une exception temporaire qui permettra toujours, après le *præjudicium* vidé entre les deux compétiteurs à l'hérédité, d'attaquer l'acheteur qui de son côté aura son action en garantie contre son vendeur. Ce qui fait incliner en ce sens, c'est le désir de concilier la loi 25, § 17, avec la loi 13, § 4. On dira donc dans ce système que l'exception *quod præjudicium*, etc., ne procèdera bien que quand le vendeur devra garantir l'acheteur contre l'éviction. Mais un deuxième système (1) soutient que ce n'est pas de cette exception qu'il s'agit dans le texte cité ci-dessus, mais d'une exception tirée *ex persona venditoris.* Cette opinion ne peut admettre que le vendeur, tenu seulement comme possesseur de bonne foi, *quatenus locupletior factus est,* puisse par le contre-coup d'une action en garantie et par suite de sa qualité de vendeur être tenu au delà de son émolument. La logique n'avouera jamais un pareil système. L'exception qu'elle propose en faveur de l'acheteur serait donc tirée de ce que, le vendeur ne pouvant être tenu à garantir l'acheteur au delà de cet émolument, quand cet émolument sera nul ou inférieur à ce que l'acheteur devrait recouvrer par son action en garantie, celui-ci dont le recours serait alors inefficace ou insuffisant, doit être à l'abri de toute attaque. Mais l'adoption de ce système rend impossible toute conciliation des deux textes. En effet, l'existence de l'exception *ex persona venditoris,* ne permet pas une explication raisonnable de la loi 13, § 4. Quoi! voilà un héritier qui ne peut obtenir qu'une partie de l'hérédité du possesseur de bonne foi; la loi 13, § 4, semble lui offrir un remède à ce mal en lui accordant une action contre l'acheteur, et l'effet de ce remède serait toujours paralysé par l'exception *ex persona venditoris!* Quant à un système mixte (2) qui consisterait à admettre cette exception seulement dans le cas de vente d'objets héréditaires et à la rejeter dans le cas de vente de toute l'hérédité, il ne saurait se soutenir; car l'action donnée contre l'acheteur de toute l'hérédité, n'est

(1) M Troplong (Hyp.), II, n° 468.

(2) Merlin, quest. de droit, V° héritier, § 3.

régulièrement autre que la revendication; la situation de cet acheteur est donc la même en droit pur que celle de l'acheteur d'un objet héréditaire. Si on donne contre lui l'action utile en pétition d'hérédité, c'est seulement *ne singulis judiciis vexetur :* d'ailleurs cette distinction ne reposerait sur aucun motif raisonnable. Restent les deux autres systèmes : chacun d'eux a ses inconvénients ; l'un heurte la logique pour concilier les textes ; l'autre, pour se plier aux exigences de la logique, est obligé de sacrifier un texte. Sans doute, il est bien incroyable qu'Ulpien se soit ainsi contredit à quelques lignes de distance, et il est à croire que cette apparence de contradiction tient à quelque remaniement maladroit des rédacteurs des Pandectes. Mais nous pensons néanmoins qu'il faut se résigner à admettre l'existence d'une antinomie entre les deux textes, et que, puisqu'il faut en sacrifier un, il vaut mieux s'en tenir à celui qui satisfait aux exigences d'une saine logique; nous admettons donc l'existence de l'exception *ex persona venditoris* (1).

3° Enfin, la troisième hypothèse, où l'on admet l'action utile en pétition d'hérédité, rentre dans le cas de la vente, et concerne celui qui a acheté du fisc une hérédité dont celui-ci s'était emparé comme vacante (2). Mais cette disposition n'eut plus d'application depuis que fut promulguée la constitution de Zénon, qui mit dans ce cas les acquéreurs à l'abri de toute attaque, et ne laissa plus au véritable propriétaire qu'une action contre le fisc prescriptible par le laps de quatre ans (3).

SECTION II.

Cas où le défendeur, par suite de son dol, paraît être ou n'est plus dans les conditions voulues pour qu'on puisse intenter contre lui l'action en pétition d'hérédité.

Nous avons examiné précédemment quelles conditions on devait exi-

---

(1) Dans l'hypothèse que nous venons d'examiner, c'est-à-dire si le vendeur de bonne foi a dissipé le prix, rien n'empêche ce vendeur de consentir à défendre à l'action en pétition d'hérédité, et alors si l'héritier l'a attaqué d'abord, il ne peut plus ensuite attaquer l'acheteur, puisqu'en réclamant du vendeur le prix de la vente, il a ratifié cette vente.

(2) L. 18, § 9, D., de hered. petit.

(3) l, 2, C., de quadr. præscr.; Instit. II, 6, § 34.

ger dans la personne du défendeur, pour permettre d'intenter contre lui pétition d'hérédité. Mais si le droit civil exigeait impérieusement l'existence de ces conditions, le droit prétorien ne pouvait permettre que le défendeur se mît lui-même par son dol dans une situation qui empêcherait de l'attaquer, ou se donnât à lui-même, dans un but quelconque, la fausse apparence d'un possesseur de l'hérédité, afin d'attirer contre lui les attaques du véritable héritier. Dans ces deux hypothèses, on donnera donc la pétition d'hérédité utile. La première hypothèse a été prévue par le sénatusconsulte Juventien, et le texte du sénatusconsulte sur ce point nous a été conservé (1). Le sénat y décide que ceux qui se sont rendus coupables de ce dol doivent être condamnés *quasi possiderent*. C'est là une suite de la décision du sénatusconsulte sur le *dolus præteritus*, décision dont nous avons examiné déjà les conséquences en ce qui concerne les fruits (2). Il résulte de ce principe que, si l'objet a passé ainsi successivement en plusieurs mains, le demandeur pourra à son choix poursuivre celui des anciens possesseurs qu'il voudra; et, de plus, il a toujours l'action directe de pétition d'hérédité contre le possesseur actuel. Mais lorsque l'action existera ainsi contre plusieurs personnes, le demandeur pourra-t-il cumuler le bénéfice de ces actions? Les textes répondent à cette question par une distinction. Il faut savoir contre qui le demandeur a intenté d'abord son action. S'il a attaqué en premier lieu l'ex-possesseur qui s'est dessaisi frauduleusement, il pourra venir ensuite attaquer encore avec succès le véritable possesseur. En effet, ce qu'il a obtenu tout d'abord par la première condamnation, ce n'est pas l'objet lui-même qu'il réclame maintenant, mais l'estimation du préjudice qui lui a été causé par le dol du défendeur. Par conséquent, la nouvelle demande a un but tout nouveau qui n'a pas encore été atteint. Au contraire, s'il a attaqué d'abord le véritable possesseur, après avoir ainsi obtenu la possession de l'objet réclamé, il ne saurait être recevable à se plaindre du dol de l'ex-possesseur, quelque grand qu'il puisse être; car ce dol ne lui a causé aucun préjudice (3).

Le sénatusconsulte dit que le défendeur qui a ainsi cessé de posséder par dol sera condamné comme s'il possédait encore, c'est-à-dire qu'il n'est pas débiteur du prix qu'il a reçu (il pourrait être bien inférieur à la va-

---

(1) L. 20, § 6, D., de hered. petit.
(2) L. 25, §§ 2 et 8, D., de hered. petit.
(3) L. 13, § 14, D., de hered. petit.; l. 06, § 9, D., de solutionibus.

leur de l'objet qu'il a vendu dans un but frauduleux), mais de la valeur de l'objet vendu, à moins cependant que le prix ne soit supérieur à cette valeur; car, dans ce cas, le possesseur, en retenant la différence existant entre le prix et la valeur, retirerait un profit de l'hérédité, et il n'en doit retirer aucun.

Quand la possession a été perdue par cas fortuit, il faut appliquer à cette perte toutes les distinctions que nous avons signalées, d'après la loi 40, D., *de hered. petit.* en parlant des détériorations. Notons seulement que, pour le possesseur de mauvaise foi, si l'on suivait le principe du sénatusconsulte qui veut qu'on le condamne comme s'il possédait encore, il pourrait se présenter telle hypothèse où il serait mieux traité que le possesseur de bonne foi. En effet, supposons qu'il ait reçu un prix quelconque d'un objet héréditaire ; s'il ne s'était point dessaisi de cet objet, l'objet étant perdu par cas fortuit, il ne devrait rien ; faut-il en tirer cette conclusion qu'il ne devra pas rendre le prix qu'il a entre les mains ? Mais le possesseur de bonne foi serait astreint à cette restitution. Si la lettre du sénatusconsulte paraît favoriser une semblable différence, il faut avouer que son esprit la repousse : aussi les textes sont-ils formels pour obliger, dans ce cas, le possesseur à restituer le prix (1).

La deuxième hypothèse qui doit nous occuper est celle où quelqu'un *se obtulit petitioni,* disent les textes. Il s'agit d'une personne qui, par mauvais dessein, par exemple pour permettre au véritable possesseur d'usucaper l'objet qu'il a entre les mains, s'est donné les apparences d'un possesseur, afin d'attirer sur elle l'action du demandeur, dont l'attaque contre le véritable possesseur eût empêché l'usucapion de s'accomplir. Dans cette hypothèse comme dans la précédente, celui qui a agi par dol peut être actionné par l'action utile; pour le véritable possesseur, il sera attaqué par l'action directe (2). Sur le concours de ces deux actions, la même question que nous avons examinée tout à l'heure sur la précédente hypothèse, se représente et demande la même solution.

Quant aux conséquences de l'action utile, elles sont les mêmes que celles de l'action directe, sauf les différences qui séparent en général les actions civiles des actions prétoriennes. Mais il n'existe point de différence spéciale à notre matière.

---

(1) L. 36, § 3, D., de hered. petit.
(2) L. 13, § 13, D., de hered. petit.

TITRE III.

DE LA PÉTITION D'HÉRÉDITÉ FIDÉICOMMISSAIRE.

Lorsque les jurisconsultes romains, inspirés de plus en plus par la justice et l'équité, commencèrent à chercher, à l'aide de leur puissante logique, à se dégager le plus possible des étreintes si étroites du droit civil, et que l'on portât assez loin le respect pour les volontés des mourants pour vouloir leur exécution même en dépit du droit civil, on dut songer à donner à celui qui se trouvait ainsi investi d'une hérédité en vertu d'un fidéicommis une action semblable à la pétition d'hérédité. Ce fut encore une action utile qui servit à consacrer ces extensions : on l'employa dans les cas où le droit mettait le fidéicommissaire *loco heredis*, l'assimilait à un héritier. Cette pétition d'hérédité utile prit dans ce cas le nom de pétition d'hérédité fidéicommissaire. Il en était ainsi au cas où s'appliquait le sénatusconsulte Trébellien. Si, au contraire, il y avait lieu à l'application du sénatusconsulte Pégasien, l'héritier fidéicommissaire était alors considéré comme un légataire partiaire; il avait donc les actions données aux légataires. Enfin, si l'on était obligé de recourir aux stipulations *emptæ et venditæ hereditatis*, le fidéicommissaire exerçait *procuratorio nomine* l'action en pétition d'hérédité appartenant au fiduciaire. L'action en pétition d'hérédité fidéicommissaire ne diffère plus sous Justinien de la pétition d'hérédité ordinaire, puisque la seule différence des deux actions était dans la formule, et qu'à cette époque il n'existe plus de formules (1).

TITRE IV.

DE LA PÉTITION D'HÉRÉDITÉ POSSESSOIRE.

Enfin quand le préteur eût établi un ordre de succession particulier à l'aide de son édit, sous le nom de possession de biens, il dut également recourir à certains moyens pour le faire respecter. Sur ce point nous

(1) L. 1, l. 2, D., de fideic. hered. petit

trouvons dans le droit prétorien deux moyens particuliers d'atteindre ce but : la *possessoria hereditatis petitio*, et l'interdit *quorum bonorum*. La *possessoria hereditatis petitio* est encore une action utile. Quant à l'interdit *quorum bonorum*, c'est un décret par lequel le préteur ordonne ce que nous pourrions appeler l'envoi en possession des biens de l'hérédité en faveur de celui qui avait droit à la possession de biens prétorienne. Mais ce n'est pas là un ordre général du préteur, c'est un ordre donné dans une contestation particulière. Si l'une des parties refusait d'obtempérer à l'ordre du préteur, il en résultait un procès. Dans notre espèce, où l'interdit était restitutoire, on agissait dans ce procès soit *per sponsionem*, soit *per formulam arbitrariam*. Mais pour agir par ce dernier moyen, on exigeait certaines conditions que nous ne pourrions exposer ici en détail sans sortir de notre sujet. Cet interdit était de plus de ceux que l'on appelait *adipiscendæ possessionis* : il avait pour but de procurer une possession que l'on n'avait pas encore eue. Tels étaient les deux moyens employés par le préteur pour sanctionner ses *bonorum possessiones*. Mais le cumul même de ces deux moyens donne lieu à une grande difficulté. Quelle utilité pouvait-on trouver dans leur concours? L'un d'eux, ce semble, l'interdit *quorum bonorum*, a dû devenir inutile et dès lors disparaître ; et cependant nous les voyons toujours subsister tous deux concurremment. On ne peut évidemment en trouver le motif dans l'explication donnée par M. de Savigny, qui voit dans l'interdit *quorum bonorum* un acheminement vers la *possessoria hereditatis petitio*, qui croit que le premier, sanction d'abord timide des possessions de biens, n'a été que le prélude de la seconde, moyen plus hardi adopté dans la suite. Il faut chercher des différences dans les conséquences de ces deux institutions. On en découvre bien quelques-unes : ainsi l'interdit *quorum bonorum* ne s'applique qu'aux choses corporelles que l'on doit restituer ; la *possessoria hereditatis petitio* s'applique même aux choses incorporelles ; les textes le prouvent (1). Mais c'est un différence en sens contraire qu'il s'agit de trouver ; il faut, pour expliquer comment l'interdit *quorum bonorum* a pu raisonnablement subsister, lui trouver une utilité que n'ait pas la pétition d'hérédité possessoire. C'est ce qu'ont cherché les autres auteurs. M. Gaslonde a cru trouver cette différence, en soutenant que l'interdit *quorum bonorum* offrait l'avantage de ne

---

(1) L. 2, D., quorum bonorum ; l. 13, § 15, l. 14 et suiv., D., de hered. petit.

pas forcer à faire la preuve du droit de propriété du défunt, tandis que la pétition d'hérédité possessoire obligeait à faire la preuve d'un semblable droit. Mais ce système nous paraît se heurter contre la loi 19, D., *de hered. petit.* Tout au plus resterait-il comme utilité cette différence que l'interdit *quorum bonorum* procurerait les objets possédés par le défunt même en vertu d'une cause illicite, ce qui ne saurait s'obtenir par la *possessoria hereditatis petitio.* Réduite à ces limites, la différence nous paraît trop faible pour expliquer d'une manière satisfaisante l'existence simultanée de ces deux moyens. La véritable différence nous paraît résulter plutôt du système de M. Ducaurroy (1), qui distingue très-soigneusement et avec juste raison la possession et la propriété. L'interdit *quorum bonorum* est, à nos yeux, à la *petitio hereditatis,* ce que les interdits *uti possidetis* et *utrubi* sont à la revendication. L'interdit *quorum bonorum* ne fait que trancher une question de possession, et préparer le terrain à la *possessoria hereditatis petitio.* Il procurera à une personne ayant droit à la possession de biens le rôle de défenderesse, et obligera ses adversaires à faire leurs preuves pour la déposséder. Si elle triomphe d'eux, elle restera *bonorum possessor cum re;* si elle est vaincue, parce que l'adversaire est possesseur de biens à un degré plus favorable, elle deviendra *bonorum possessor sine re.* Ainsi, c'est un cognat qui a demandé au préteur l'interdit *quorum bonorum,* alors que l'agnat qui lui est préférable ne s'est pas encore présenté. Le préteur lui accordera l'interdit, dont les effets ne sont que provisoires; le fardeau de la preuve sera la punition de la négligence de l'agnat, mais aussi sera la seule. Au contraire, il n'accorderait pas ainsi sans examen la *possessoria hereditatis petitio,* dont les effets doivent être définitifs. Le résultat de l'interdit était, par conséquent, d'empêcher les successions d'être trop longtemps vacantes, but que le droit romain a eu toujours fort à cœur, et de stimuler puissamment les véritables héritiers à se faire connaître et à prendre possession des biens héréditaires.

APPENDICE.

DE LA PÉTITION D'HÉRÉDITÉ PARTIELLE.

Nous avons toujours supposé, dans les explications qui précèdent, que

---

(1) II, p. 1356.

le demandeur se prétendait héritier pour le tout. Mais les règles ci-dessus seraient-elles modifiées s'il n'était héritier que pour partie? C'est alors le cas de la pétition d'hérédité partielle. La pétition d'hérédité partielle ne constitue pas une action particulière, quoi qu'en dise un texte du Digeste (1). La formule en est la même que celle de la pétition d'hérédité totale, sauf une modification nécessaire pour préciser la quotité du droit du demandeur. A l'*intentio* probablement ainsi conçue : « Si paret here- « ditatem Titianam de qua agitur Auli Agerii esse ex jure Quiritium, » on ajoutera les mots : « Ex parte dimidia, » ou autres, indiquant que le demandeur se dit héritier pour moitié ou tout autre partie. Il est nécessaire d'énoncer cette partie pour éviter les effets de la plus-pétition qui amèneraient la déchéance du demandeur sans possibilité de renouveler l'action (2). Il fallait surtout être prudent à cet égard lorsqu'on était héritier *incertæ partis :* par exemple, le *de cujus* meurt laissant un enfant et sa femme enceinte, pour quelle part l'enfant est-il héritier? On ne peut le savoir. Tout dépend du nombre des posthumes qui viendront à naître. Les jurisconsultes romains montraient sur ce point une prudence véritablement excessive, et conseillaient de ne faire adition que pour un quart, de peur que le nombre des héritiers nouveaux ne s'élevât jusqu'à trois. C'est ce qui résulte d'un texte du Digeste (3).

Du reste dans certaines hypothèses, telles que celles que nous venons de mentionner, le préteur, prenant en considération le juste motif de l'ignorance des héritiers, leur permettait d'intenter la pétition d'hérédité pour une part incertaine (*incertæ partis vindicationem concedebat*) (4).

Nous avons déjà remarqué que la qualification de partielle, que reçoit quelquefois la pétition d'hérédité, ne résulte point de ce que le défendeur à cette action ne possède point la totalité des biens héréditaires, mais de ce que le demandeur a droit à une partie seulement de l'hérédité (5).

Celui qui intente la pétition d'hérédité partielle obtient par cette action une part indivise des objets possédés par le défendeur; et ce n'est que par une autre action, l'action *familiæ erciscundæ*, que s'opère le partage

(1) L. 1, pr., D., si pars hered. petatur.
(2) L. 1, § 5, D., si pars hered. petatur.
(3) L. 3, D., si pars hered. petatur.
(4) L. 1, § 5, D., si pars hered. petatur.
(5) L. 10, § 1, D., de hered. petit.; l. 1, § 1, D., si pars hered. petatur.

de ces objets possédés par indivis. Cette remarque nous explique quelques manières de procéder admises par les jurisconsultes malgré la
rigueur des principes, et pour se plier aux exigences de l'utilité pratique.
Prenons successivement deux hypothèses prévues par les textes.

1° Primus et Secundus sont héritiers chacun pour moitié. L'hérédité
est possédée par Secundus et Tertius. Quelle marche Primus devait-il
suivre, d'après la rigueur des principes, pour obtenir la restitution de la part
qui lui appartient ? Il devrait demander à Secundus et à Tertius la moitié
de ce que chacun d'eux possède. Mais Secundus, réduit ainsi au quart,
aura le droit de réclamer le second quart de Tertius, pour avoir la moitié à laquelle il a droit. Pour éviter ce recours de Secundus contre Tertius, qui donnerait lieu à une seconde action, comme peu importe à
Primus la part indivise qu'on lui livrera, puisqu'une part indivise en
vaut une autre, il demandera directement à Tertius la moitié qu'il possède, et Secundus ne sera pas inquiété (1).

2° Primus est institué pour moitié. Secundus et Tertius le sont chacun
pour un quart. Tous possèdent l'hérédité, chacun pour un tiers. Dans
cette deuxième hypothèse, voici encore la marche indiquée par la rigueur
des principes. Primus, héritier pour moitié, a le droit de réclamer la
moitié de ce que possèdent Secundus et Tertius. Mais ceux-ci, réduits
ainsi à un sixième au lieu du quart auquel ils ont droit, réclameront, à
leur tour, chacun un douzième, en tout un sixième que Primus a de trop
depuis le triomphe de sa première action, qui lui a donné deux tiers au
lieu de moitié. Pour éviter ces actions en sens contraire, Primus ne
pourra attaquer ses deux cohéritiers que chacun pour un quart de ce
qu'il possède, ce qui mettra de suite les parties dans les positions respectives qu'elles doivent garder.(2).

---

(1) L. 1, § 3, D., si pars hered, petatur,
(2) L. 1, § 4, D., si pars hered, petatur,

DROIT FRANÇAIS.

DU DROIT DE RETOUR CONVENTIONNEL ET LÉGAL.

(Art. 351, 352, 747, 766, 951 et 952, C. N.)

L'une des principales règles auxquelles se trouve soumise dans notre droit la donation entre vifs ordinaire est celle de l'irrévocabilité. Mais cette règle doit être appliquée avec discernement, et il ne faut pas en exagérer la portée. Ainsi elle ne saurait exclure toute modalité que l'on voudrait apporter à la donation. Elle ne proscrit même véritablement que les conditions potestatives qui permettraient trop facilement au donateur de revenir sur sa libéralité. Néanmoins, les conditions purement casuelles peuvent bien aussi avoir leurs inconvénients. Elles laissent en effet en suspens le sort de la propriété, et sont un obstacle à la libre circulation des biens. Parmi les conditions qui offrent un semblable inconvénient, et qui à ce titre méritaient de fixer l'attention du législateur, l'une des plus importantes est celle que l'on a qualifiée de droit de retour. Ce nom qui paraîtrait convenir à toute condition résolutoire, puisque cette condition a toujours pour effet de faire revenir les biens entre les mains de celui qui s'en était dépouillé conditionnellement, a cependant été réservé spécialement à la condition qui a pour but de faire rentrer les biens aux mains du donateur dans le cas de sa survie au donataire ou à certains héritiers de ce donataire. Ce droit de retour est dit conventionnel, quand il est stipulé expressément par les parties.

Lorsqu'il n'y a point à ce sujet de stipulation expresse, la loi peut dans certaines hypothèses favorables en supposer l'existence et décider qu'il y a eu stipulation tacite de ce droit. C'est alors le droit de retour légal. Le législateur s'occupe du droit de retour conventionnel, pour en limiter les effets, en restreindre les applications possibles, le renfermer enfin dans les limites qui l'empêchent de nuire à la stabilité de la propriété et à la libre circulation des biens. Quant au droit de retour légal, on comprend facilement les motifs que la loi avait pour s'en occuper. La loi seule, en effet, a le pouvoir de suppléer au silence des parties, en décidant que dans telle hypothèse donnée on doit croire à telle ou telle stipulation de leur part, qui cependant n'est pas formellement exprimée; d'ailleurs elle devait encore restreindre, dans des limites plus étroites, les effets du droit de retour légal, par cela même qu'il était susceptible d'une application beaucoup plus générale.

Nous allons successivement examiner sur ce point l'état de cette partie de la législation en droit romain et dans notre ancien droit français.

DROIT ROMAIN.

Dans les temps primitifs du droit romain, la donation n'était pas un contrat, suivant le droit civil; c'est-à-dire que la convention de donner était un simple pacte auquel ce droit rigoureux refusait tout effet. Lorsqu'on voulait faire une libéralité à quelqu'un, il fallait lui transmettre immédiatement, par l'un des modes reconnus par le droit, la propriété de l'objet que l'on voulait donner, et le mot de donation donné à cet acte ne faisait qu'indiquer le motif de cette translation de propriété. Que si l'on ne voulait que se lier sans exécuter actuellement ses intentions de libéralité, il fallait revêtir le simple pacte de donation des formes solennelles de la stipulation. Dans ces deux hypothèses le droit de retour était-il possible, et s'il l'était, dans quelles limites pouvait-il s'exercer?

En ce qui touche le cas de translation immédiate de la propriété, les textes donnent lieu de penser que le droit de propriété ne pouvait être transféré *ad tempus*. Les Romains ne connaissaient point notre condition résolutoire avec ses effets rétroactifs. Ils voyaient alors dans le contrat qui était modifié par cette modalité un contrat pur et

simple; seule, l'extinction des obligations qui en résultaient était soumise à une condition. Quant à la translation de la propriété, une
fois effectuée, elle ne pouvait être anéantie rétroactivement par une
condition, dont les effets civils n'allaient pas jusqu'à pouvoir ainsi
retransférer *ipso jure* la propriété à celui qui ne s'en était dépouillé
que sous cette condition. Le droit civil ne reconnaissait pas un semblable mode de translation de la propriété, et de plus les actes légitimes (*actus legitimi*) tels que la *mancipatio* et la *cessio in jure* n'étaient
susceptibles de recevoir aucune modalité. Avec un semblable système,
l'existence du droit de retour était impossible, et c'est ce résultat que
constate une constitution de Dioclétien, que nous trouvons dans les
fragments du Vatican (1). Cette constitution nous apprend en outre que
l'apposition d'une semblable condition rendait nulle la donation elle-
même. En effet, il est de règle que, dans un pareil cas, le tout soit
vicié (2); et cette règle était surtout nécessaire en matière de donations où l'on ne peut conclure d'une volonté restreinte de donner à
une volonté illimitée.

Cependant l'équité, se faisant jour de plus en plus en droit romain,
devait finir par renverser des règles si peu raisonnables. Aussi voyons-
nous successivement apparaître sur ce point des remèdes apportés
par la jurisprudence ou par le préteur. Les jurisconsultes donnèrent
au propriétaire primitif, ici au donateur, contre l'acquéreur, ici le
donataire, une *condictio ob rem datam re non secuta* (3). Mais cette
condictio ne forçait le nouveau propriétaire à rendre que ce qui lui
restait; les aliénations par lui consenties étaient irrévocables; en un
mot, point d'effet rétroactif. L'action *præscriptis verbis*, accordée sans
doute dans cette hypothèse par les proculéiens (4) ne produisait point
d'effets plus radicaux. Mais plus tard la jurisprudence fit un pas de plus
dans cette réaction contre la rigueur du droit civil. Le principal pro-
moteur de ce nouveau mouvement fut Ulpien. Le premier, il enseigna
que, la condition une fois accomplie, ce n'était pas une simple con-
diction, laissant subsister les droits constitués par le nouveau proprié-

(1) Fragm. Vatic., § 283.
(2) L. 77, D., de reg. juris.
(3) L. 19, l. 35, § 3, l. 39, D., de mortis causa donat.; l. 12, D., de condict. causa
data; l. 7, § 3, l. 76, D., de jure dotium.
(4) L. 18, § 1, D., de mortis causa donat.; M. Pellat, de rei vind., p. 282.

taire jusqu'à l'événement de la condition que devait avoir l'ancien propriétaire, mais une véritable revendication, anéantissant tous ces droits, et donnant à la condition un effet rétroactif. Il proposa d'abord cette revendication sous le nom d'action utile (1), avec quelqu'hésitation (2) ; puis il avança d'une manière formelle que l'ancien propriétaire était resté propriétaire jusqu'à la condition par suite de l'effet rétroactif de celle-ci, et cela en essayant de s'appuyer sur l'autorité d'autres jurisconsultes (3). Cet avis entraîna d'abord quelques esprits (4), et triompha enfin sous Justinien, qui modifia en ce sens dans son Code la constitution de Dioclétien (5), qui suivait encore à cet égard les anciens principes. Dès lors, et dans cette première hypothèse, la clause de retour devint valable.

Si la donation ne recevait pas de suite son exécution et était revêtue des formes de la stipulation, alors de deux choses l'une. Au moment de la réalisation de la condition, la propriété de l'objet donné a été transférée conformément à la stipulation, ou elle ne l'a pas été. Si elle a été transférée, tout ce que nous venons de dire est encore applicable, sauf que pour réclamer l'objet donné sous condition, le donateur aura non plus la *condictio ob rem datam re non secuta*, mais la *condictio certi* ou l'action *ex stipulatu*, résultant de ce que le donataire a promis par stipulation de retransférer la propriété au donateur. Au contraire, si cette translation de propriété n'a pas encore eu lieu à cette époque, on ne pourra pas obliger le propriétaire ou donateur à la faire, car son obligation est défaillie.

Plus tard la donation devint un pacte légitime ; ce pacte par lui seul engendra une obligation sous condition de certaines solennités qui varièrent jusqu'à Justinien. Cette convention, affranchie des formalités subtiles et des interprétations rigoureuses du droit civil, admit toujours la possibilité d'une clause de retour.

Par suite de la faveur qui entourait la dot en droit romain, il est arrivé ce résultat singulier que le droit de retour légal y a pris naissance avant le droit de retour conventionnel. Nous voyons en effet, dès

---

(1) L. 30, D., de mortis causa donat.
(2) L. 29, D., de mortis causa donat.
(1) L. 4, § 3, D., de in diem addict.
(4) L. 4, D., de pactis inter emptor. et vendit.
(5) L. 2, C., de donat. quæ sub modo.

l'origine du droit romain, que la dot constituée par le père ou l'ascendant paternel à la fille ou à la petite-fille en puissance retournait au constituant, lorsque la fille dotée mourait avant lui ; seulement, si elle laissait des enfants à sa mort, le mari avait le droit de retenir un cinquième de la dot par enfant survivant jusqu'à entier épuisement de la dot, c'est-à-dire que lorsqu'il y avait cinq enfants au moins, la dot restait tout entière au mari (1). On appelait cette dot la dot profectice. Il y avait trois motifs principaux qui devaient commander cette décision : 1° il ne fallait pas qu'au chagrin de voir sa fille mourir avant lui vînt se joindre pour le père celui de voir une partie de sa fortune passer en des mains étrangères (2) ; 2° il fallait encourager les libéralités en matière de dot, et cette disposition légale ne pouvait manquer de produire un semblable résultat (3) ; 3° enfin, comme il y avait obligation de doter les enfants, une fois les enfants décédés, on pouvait dire que cette obligation n'ayant plus de base devait s'évanouir. C'est justement ce dernier motif qui nous explique les *retentiones propter liberos* accordées au mari ; en effet, quand il reste des enfants du mariage, une partie des causes de la libéralité subsiste, car la dot a pour but de subvenir non-seulement aux besoins de la femme, mais encore à ceux des enfants.

Telle était la faveur dont jouissait la dot en droit romain, que le droit de retour conventionnel lui-même se frayait un passage dans notre matière à une époque où partout ailleurs il était sévèrement proscrit. On admit même les constituants étrangers, c'est-à-dire, autres que les ascendants paternels ayant le *jus potestatis* sur l'enfant dotée, à stipuler en leur faveur cette réversion. La dot prenait alors le nom de réceptice (4).

En présence de cette possibilité de stipulation expresse, on demandera peut-être pourquoi la loi se montrait si prévoyante pour protéger les ascendants paternels contre des inconvénients qu'ils pouvaient facilement éviter par une convention formelle ; c'est qu'il serait trop dur de les forcer à prévoir à un semblable moment cette intervention fâcheuse de l'ordre de la nature. Plus tard, le droit de retour légal fut étendu au cas où la fille était émancipée (5) ; puis, par suite de l'assimilation qui tendait

(1) Ulp. reg., VI, § 6.
(2) L. 6, D., de jure dotium.
(3) L. 4, C., soluto matrim.; l. 2, C., de bonis quæ liberis.
(4) Ulp. reg. VI, § 5.
(5) L. 10, l. 59, D., soluto matrim.

de plus en plus à identifier la dot et la donation *ante nuptias*, ces principes devinrent également ceux de cette dernière donation (1). Enfin, et ce fut la dernière extension donnée par le droit romain au retour légal, la novelle 25 de Léon l'appliqua à toutes les donations, mais toujours seulement en faveur des ascendants paternels. Quant à la mère et aux autres ascendants maternels, ils se virent toujours refuser un semblable droit.

La restitution de la dot, lorsqu'elle était profectice, s'obtenait au moyen de l'action *rei uxoriæ;* et quand elle était réceptice, par l'action *ex stipulatu.* Cette dernière action, étant de droit strict, était beaucoup plus dure pour le mari que l'action *rei uxoriæ,* qui était de bonne foi (2). Justinien fondit ces deux actions en une seule (3); mais nous ne saurions entrer, en faisant ce rapide exposé de l'ancienne législation, dans les détails fort longs qu'exigerait l'étude approfondie de ces deux actions.

DROIT ANCIEN.

L'ancien droit ne pouvait pas rétrograder dans la voie suivie par le droit romain durant sa dernière période; il admit la possibilité du droit de retour conventionnel. Ce droit de retour ne paraît même y avoir été restreint par aucune limite autre que celle résultant de la convention. C'est ainsi que ce droit de retour put être stipulé en faveur du donateur et de ses héritiers, et ne fut pas limité au cas de survie du donateur au donataire ou aux héritiers de celui-ci. Ce droit, comme tous les autres, pouvait donc passer sur la tête des héritiers du donateur; car, même dans ce cas, il ne constituait pas une substitution. Une substitution, en effet, suppose le concours de trois personnes : le donateur, le grevé et l'appelé. Ici l'appelé apparent n'est autre que le donateur lui-même ou son héritier, *qui personam ejus sustinet.* Ce principe était tellement bien établi dans l'ancien droit qu'à défaut de stipulation expresse, c'était dans ce sens que l'on interprétait la convention (4). En

---

(1) L. 2, C., de bonis quæ liberis.
(2) Instit. IV, 6, § 25.
(3) L. un., C., de rei uxor. act.
(4) Lebrun, success., liv. 1er, chap. 5, sect. 2, n° 35.

cas de silence des parties, on décidait également que le droit de retour stipulé devait exister, quand même le donataire prédécédé laisserait des enfants. Ainsi avait statué un édit du 14 déc. 1556, particulier à la Provence, mais qu'on appliquait cependant généralement dans les autres pays. Quant aux effets de ce droit de retour, ils étaient ceux de toutes les conditions résolutoires. Les aliénations, hypothèques, etc., consenties par le donataire, étaient rétroactivement anéanties. Sur tous ces points, nulle différence entre le droit écrit et le droit coutumier. Cette dernière décision ne souffrait de difficultés que sous l'empire de ce dernier droit; et dans le cas seulement où, à défaut de stipulation expresse, on aurait dû appliquer les principes du droit de retour légal ; en effet, comme ces principes étaient tout différents, quelques jurisconsultes s'étaient demandé si, dans cette hypothèse, il ne fallait pas voir dans la stipulation expresse une simple confirmation, inutile il est vrai, du droit de retour légal. Notons encore que le parlement de Toulouse admettait une exception à l'effet rétroactif du droit de retour conventionnel, quand la donation avait été faite par contrat de mariage; il accordait alors à la femme une hypothèque subsidiaire sur les biens donnés à son mari pour la conservation de sa dot et de ses conventions matrimoniales (arrêt du 25 oct. 1623) (1).

Le droit de retour légal, au contraire, fut envisagé d'une manière bien différente par le droit écrit et par le droit coutumier. Pour le droit écrit, il se conforma tant bien que mal au droit romain. Il étendit, d'une manière équitable sans doute, mais arbitraire, et partant fort variable, les cas d'application du retour légal, mais il respecta la nature de ce droit. D'abord, tous les parlements étendirent l'application de ce droit à la mère et aux ascendants maternels, en dépit du droit romain ; il faut en excepter cependant le parlement de Grenoble, qui se faisait gloire de ce respect servile et déraisonnable de la législation romaine. Quant au parlement de Toulouse, il tomba dans une exagération inverse, en admettant le retour légal, même au profit des frères et sœurs, oncles et tantes. Nous venons de dire que l'on respecta la nature du droit de retour, en lui laissant produire tous les effets rétroactifs d'une condition résolutoire. Cependant, le parlement de Provence crut devoir laisser subsister les actes à titre onéreux, et reconnut un effet subsidiaire aux

(1) Furgole cependant blâmait cette exception (Quest. 42 sur l'ordonnance de 1731).

hypothèques consenties par le donataire; sous ce système, les aliénations gratuites étaient seules anéanties rétroactivement. Enfin, les parlements de Paris et de Dijon étaient trop imbus des principes du droit coutumier pour ne pas se laisser influencer par les idées qui, dans ce droit, avaient transformé la nature du retour légal. Obéissant à ces nouvelles idées, ils n'admettaient plus la résolution des droits conférés aux tiers; ils allèrent même jusqu'à obliger le donateur à payer sa part des dettes de la succession, au prorata des biens qu'il y reprenait. Ce sont ces nouveaux principes qu'il nous faut actuellement examiner.

Le droit coutumier vit dans ce que le droit écrit avait appelé un droit de retour un véritable droit de succession. Il est difficile de saisir l'origine de cette idée d'une manière précise; ce n'est sans doute que peu à peu qu'on finit par arriver à un semblable résultat. Voici quelle dût être la filière des idées sur ce point. Nos anciens jurisconsultes s'effrayèrent à bon droit des effets désastreux que pouvait produire le droit de retour, appliqué dans toute sa rigueur; ils voulurent donc en réduire les effets. Le droit de retour légal ne put désormais atteindre les biens aliénés par le donataire, et le donateur dut respecter ces aliénations. Plus tard, ils déduisirent de ce principe que le donateur devait respecter les actes du donataire cette nouvelle conséquence, qu'il devait être tenu des dettes du donataire, au prorata de ce qu'il reprenait dans le patrimoine de celui-ci, en vertu de son droit de retour. Ces deux principes une fois posés: obligation de respecter les actes du donataire, obligation de payer ses dettes, comme ces deux principes étaient deux des traits caractéristiques du droit de succession, on se demanda si ce droit de retour, restreint dans ces limites, ne constituait pas un simple droit héréditaire. Beaucoup d'auteurs répondirent affirmativement, et l'art. 313 de la coutume de Paris consacra formellement cette opinion en se servant du mot succéder : Toutefois succèdent ès-choses, etc., etc. C'était là un règlement spécial de succession ne concernant que les propres, et par conséquent ne s'appliquant jamais aux meubles; et remarquons bien sur ce point que ce droit de succession (puisqu'on le qualifiait ainsi sous l'empire de ce droit) rentrait parfaitement dans l'esprit de l'ancienne législation, considérant toujours l'origine des biens et en réglant la dévolution suivant la maxime : *paterna paternis, materna maternis.* Voilà quelle fut probablement la marche de cette transformation du droit de retour légal en un droit de succession dans les pays de coutume. Le résultat en fut l'application à cette matière de plusieurs principe des la matière des successions. On exigea que l'ascendant fût capable de succéder, l'enfant de transmettre, pour permettre au premier de re-cueillir les biens donnés; seulement il n'était pas nécessaire que l'as-cendant fût l'héritier le plus proche pour exercer ce droit de succession. Les ascendants seuls jouissaient de ce droit, qui d'ailleurs, suivant une jurisprudence imposante et des autorités respectables, notamment celle de Pothier, existait pour le père, non-seulement dans la succession de son fils, mais encore dans celle des enfants de ce fils, qui avaient trouvé dans sa succession les biens donnés par le père. Néanmoins, ce dernier point avait souffert beaucoup de difficultés.

Telles étaient les variations, les incertitudes et les incohérences de l'ancien droit, quand arriva la révolution de 1789.

DROIT INTERMÉDIAIRE.

Si le droit de retour conventionnel put traverser la période révolu-tionnaire sans y recevoir aucune atteinte, il ne pouvait en être de même du droit de retour légal. La loi du 17 nivôse, an II, passant tout sous le niveau de systèmes absolus, proscrivit, même dans les hypothèses les plus favorables, la recherche de l'origine des biens. Seulement l'ancien droit continua à régir toutes les donations faites sous son empire. On aurait pu décider le contraire sans rétroactivité, car l'exercice du droit de retour, dans le cas de retour légal, ne saurait constituer un droit acquis dès le moment où la donation a été faite, surtout si on voit dans ce droit de retour un droit de succession; une loi régit toutes les successions qui s'ouvrent sous son empire. Néan-moins, on trouva juste de ne point enlever des espérances qui parurent légitimes; et, pour prévenir l'interprétation en sens contraire qu'on aurait pu tirer du silence de la loi de nivôse, une loi interprétative du 23 ventôse, art. 5, consacra formellement le respect de ces droits, quoi-que purement éventuels.

Quant au droit de retour conventionnel, il fut expressément reconnu et consacré par l'art. 71 de la loi de nivôse.

Cette proscription du droit de retour légal ne tarda pas à porter ses fruits. L'imprévoyance des ascendants à stipuler le droit de retour donna lieu à des résultats iniques que la jurisprudence essaya de pallier en torturant les textes des conventions pour y voir un droit de retour qui n'y était pas renfermé. C'est ainsi que l'on décida que cette stipulation résultait nécessairement de l'énonciation d'avancement d'hoirie faite dans l'acte de donation.

DROIT ACTUEL.

Enfin un remède fut apporté à cette situation par le Code Napoléon, qui réglementa successivement le droit de retour légal et le droit de retour conventionnel, celui-ci pour en restreindre les effets qui peuvent être nuisibles, celui-là pour en rétablir et en réglementer l'utile exercice. Néanmoins si le but de la loi a été excellent, on n'en peut dire autant de la manière dont elle a manifesté sa volonté sur ce point. Les textes sont d'une obscurité et d'une brièveté faites pour désespérer les interprètes. Le droit de retour conventionnel est expliqué dans les art. 951 et 952; le droit de retour légal dans les art. 747, 351, 352, 766. L'art. 747 est surtout le siège de cette matière, et il n'a guère employé d'expressions qui ne donnent lieu à des controverses. Cependant (chose étonnante) nous n'avons point de guide pour son interprétation dans les travaux préparatoires. L'article passa au Conseil d'État presque sans discussion : apparemment il paraissait clair alors ! et voici que les hommes mêmes qui ont concouru à sa rédaction (MM. Maleville, Chabot et Grenier), sont les premiers à se plaindre de son obscurité! Que ne se sont-ils aperçus plus tôt de ces imperfections, dont eux-mêmes après tout ont été les auteurs?

Pour mieux saisir les analogies et les dissemblances des deux droits de retour légal et de retour conventionnel, nous établirons une division qui leur sera commune; et, sur chacune des branches de cette division, nous examinerons successivement l'état de la législation sur l'un et l'autre droit. Cette division sera la suivante : 1° Nature du droit de retour; 2° Comment s'acquiert le droit de retour; 3° Quelles personnes peuvent l'exercer; 4° Conditions qui doivent exister du côté du donataire pour qu'il s'exerce; 5° A quelles choses il s'applique; 6° Obligations corrélatives au droit de retour.

TITRE Iᵉʳ.

NATURE DU DROIT DE RETOUR.

CHAPITRE PREMIER.

DROIT DE RETOUR CONVENTIONNEL.

Le droit de retour conventionnel n'est qu'une condition résolutoire d'une certaine espèce appliquée aux donations entre vifs. La donation a, dans notre droit, un caractère d'irrévocabilité qui ne permet pas de la soumettre indistinctement à toutes sortes de conditions. La règle : donner et retenir ne vaut, souvenir de notre ancienne législation qui cependant n'a pas encore perdu toute raison d'être, s'oppose à l'établissement de conditions potestatives. Mais, quand les conditions sont dépouillées de ce caractère de potestativité, rien ne fait plus obstacle à leur existence : car elles ne donnent plus au bienfaiteur le droit de révoquer sa libéralité. Une condition casuelle pourra donc seule produire cette révocation; tel est le cas du droit de retour. On peut le définir : le droit que se réserve le donateur de reprendre les biens donnés en cas d'accomplissement d'une condition casuelle. Son caractère est donc celui d'une condition résolutoire. Notons bien qu'il n'emprunte rien de la substitution. Nous avons déjà dit qu'ici il n'y a que deux personnes en présence, quand même le droit de retour serait stipulé au profit des héritiers du donateur; au contraire, dans le cas de substitution, il y en a nécessairement trois. Dès lors ces deux contrats se distinguent essentiellement l'un de l'autre.

CHAPITRE II.

DU DROIT DE RETOUR LÉGAL.

Ce caractère d'un droit soumis à une condition résolutoire est-il également celui de la donation soumise au retour légal ? Nous avons vu sur ce point l'affirmative régner souverainement en droit romain et dans les pays de droit écrit. Nous avons vu également cette véritable source du droit de retour légal s'altérer peu à peu et successivement en droit coutumier pour se transformer en un droit de succession. Cette tradition de notre droit coutumier s'est-elle infiltrée dans notre Code? Nous le croyons. Il nous paraît impossible de le nier, à moins de refuser sa confiance aux textes les plus formels. Décider le contraire, ce serait, à nos yeux, se heurter contre les expressions si énergiques du texte de l'art. 747, Code Napoléon, qui, à l'exemple de l'art. 313 de la coutume de Paris, nous dit : les ascendants succèdent, etc.; ils succèdent aussi.....; ce serait se heurter contre la place significative occupée dans le Code par l'art. 747, qui se trouve dans la section consacrée aux successions déférées aux ascendants; ce serait se heurter contre les travaux préparatoires, où l'on voit précisément justifié par cette explication le retranchement de la mention du droit de retour légal faite d'abord dans les articles du projet qui traitaient du droit de retour conventionnel (1); ce serait enfin se heurter contre l'autorité de l'ancien droit coutumier, dont ces expressions trahissent indubitablement la reproduction par notre Code. Telle est d'ailleurs l'opinion unanime des auteurs et des arrêts à de très rares exceptions près (2). Il est vrai que les art. 351 et 352 ainsi que l'art. 766 portent moins l'empreinte du droit coutumier que l'art. 747. Ainsi l'art. 351 dit que les biens retourneront à l'adoptant; l'art. 766 à son tour dit qu'ils passent, qu'ils retournent aux frères et sœurs légitimes. Mais, en ce qui concerne l'art. 766, il est encore placé dans la matière des successions. Pour l'art. 351, il est trop connexe à l'art. 747 pour qu'on puisse l'en détacher complètement, et pour qu'il n'en subisse pas l'influence; l'art. 352 d'ailleurs parle également d'un droit de succession. Par conséquent, l'argumentation précédente reste dans toute sa force, et il faut s'y soumettre. Néanmoins le fruit de ces dernières observations ne doit pas être perdu ; elles doivent nous servir à nous défendre contre les exagérations du système du droit de succession, exagérations portées à leur dernière extrémité par un auteur récent (3), et qui n'iraient

---

(1) Fenet, XII, p. 373.

(2) MM. Toullier et Duvergier, II, nos 234 et 235 ; Duranton, VI, nos 202 et suiv.; Chabot, art. 747, no 16; Marcadé, art. 747, no 9; Demante, III, 55 bis; Ducaurroy, Bonnier et Roustain, II, no 478; Taulier, III, p. 151 et 152; Demolombe, XIII, no 480; Coin Delisle, revue critique, XI, p. 212 et suiv.; D. Alph., XLI, p. 210. Contra, Malleville, II, p. 226.

(3) M. Coin-Delisle, loc. sup. cit.

à rien moins qu'à effacer toute idée de droit de retour devant celle de succession.

Pour nous, s'il faut l'avouer, nous regrettons que la loi ait cru devoir suivre les errements du droit coutumier; nous regrettons que, en restreignant d'une manière utile les effets du droit de retour, on se soit laissé entraîner jusqu'à dénaturer l'essence de ce droit. Nous croyons que bien des difficultés d'interprétation naissant de cette altération s'évanouiraient avec elle. L'idée de droit de retour donne seule le plus souvent la clef des difficultés de cette matière incompréhensible quand on n'y veut voir qu'un pur droit de succession. Aussi nous nous hâtons de nous emparer des expressions que nous venons de signaler dans les art. 351 et 766 pour dire que le législateur n'a pas complétement abandonné l'idée de droit de retour, que cette idée doit au moins se mêler à celle de succession pour la saine interprétation de notre matière. En vain voudrait-on écarter l'autorité de ces articles : car qui ne voit leur corrélation et leur ressemblance avec l'art. 747 ? Qui ne voit qu'ils sont tous le fruit d'une même pensée appliquée à des hypothèses différentes ? J'ajouterai de plus que cette prétention qui consiste à voir dans le droit de retour légal un pur droit de succession a bien moins de raisons d'être sous notre droit actuel que dans l'ancien droit coutumier. En effet, sous l'empire du Code Napoléon, une fois entrés sur ce terrain du droit de succession où la loi nous force à marcher, nous ne rencontrons qu'anomalies, singularités, contradictions. Aussi les auteurs, tous frappés de cette création singulière de notre Code, n'ont-ils trouvé d'autre expression pour qualifier ce droit que celle d'anomal; on a donc dit de ce droit que c'était un droit de succession anomale. Et en effet par combien de différences cette succession ne se distingue-t-elle pas de la succession ordinaire ? Nous rencontrons ici une succession *in re singulari*, tandis qu'ordinairement le droit de succession s'exerce sur une universalité ou une quotité; ici on recherche l'origine des biens, et partout ailleurs l'art. 732 prohibe une semblable recherche; cette succession est de plus déférée d'après des règles toutes spéciales différant totalement de l'ordre de succession ordinaire. Dans l'ancien droit au contraire tous ces traits de différence constituaient des traits de ressemblance : la succession *in re singulari* était la règle en ce qui concerne les propres; on y recherchait toujours l'origine des biens suivant la règle *paterna paternis, materna maternis*, etc., etc. Par conséquent que de motifs de plus que dans notre droit pour établir une complète assimilation entre le droit de retour légal et un droit de succession ! Et cependant on voit déjà dans l'ancien droit des auteurs, tels que Lebrun (succession, liv. 1ᵉʳ, chap. 5, sect. 2, nᵒˢ 3 et 57), protester contre cette assimilation complète. Aujourd'hui, en présence de toutes les différences qui séparent le droit de retour légal d'un droit de succession ordinaire, nous devons exprimer la nature de ces différences tout en convenant que la loi y voit un droit de succession. Nous dirons que c'est un droit de succession mêlé de réversion, ou, pour nous servir de l'expression très-heureuse, suivant nous, d'un auteur (1), que c'est un droit de retour successoral.

Maintenant que nous avons constaté que le droit de retour légal est un droit de succession, voyons si c'est un droit de succession régulière ou irrégulière. Sur ce point, il nous paraît impossible de donner une solution uniforme pour tous les cas de retour légal. MM. Aubry et Rau (2) ne veulent jamais y voir qu'un droit de succession irrégulière, ce sur quoi M. Coin Delisle (3) les reprend fort vivement. Ce dernier auteur invoque à son appui l'art. 747 placé dans le titre des successions régulières et appelant à la succession qu'il organise des parents légitimes. Il a raison sur ce point, et nous sommes très disposés à étendre cette idée au droit conféré par les art. 351 et 352 aux parents adoptifs. Mais la place de l'art. 766, le lien de parenté simplement naturelle qui, malgré les termes inexacts de la loi, unit alors l'héritier au *de cujus*, tout nous paraît commander dans ce dernier cas une solution contraire.

TITRE II.

COMMENT S'ACQUIERT LE DROIT DE RETOUR.

CHAPITRE PREMIER.

DROIT DE RETOUR CONVENTIONNEL.

Le nom même donné à ce droit de retour indique suffisamment qu'il résulte d'un contrat. Mais, pour lui donner naissance, la convention

(1) M. Demolombe, loc. sup. cit.
(2) Sur Zachariæ, IV, p. 544 et suiv.
(3) Revue critique, XI, p. 220.

doit être formelle et expresse. Il ne suffira donc pas que la donation soit faite par avancement d'hoirie, pour qu'il y ait stipulation du droit de retour conventionnel. On a pourtant jugé le contraire, sous prétexte qu'une semblable donation présupposait pour sa validité le prédécès du donateur avant le donataire. Mais c'était une erreur évidente : car, si la clause d'avancement d'hoirie est un règlement de succession par avance, elle ne suppose pas du tout la révocation de la donation, dans le cas où ce règlement anticipé de succession ne trouverait pas d'application. La doctrine dont nous parlons ne s'expliquait que sous l'empire de la loi de nivôse, qui avait supprimé le droit de retour légal, et dont les conséquences injustes faisaient admettre très-facilement aux tribunaux l'existence de stipulations du droit de retour. Aussi, depuis le Code Napoléon, cette interprétation a-t-elle été unanimement abandonnée (1).

Quoique le droit de retour s'applique spécialement au cas de prédécès du donataire, il n'en est pas moins certain à nos yeux que toutes autres conditions résolutoires casuelles pourront s'appliquer aux donations. Nous n'admettrions donc pas la doctrine de ceux qui enseignent que de semblables conditions pourraient être nulles, quand elles sont établies *propter mortis suspicionem*. On en donne pour motif que les donations à cause de mort, sont prohibées sous notre Code (2). Mais ces donations supposaient la réunion des trois caractères suivants : 1° préférence que le donateur se réservait sur le donataire; mais aussi préférence donnée par lui au donataire sur ses héritiers; 2° caducité par le prédécès du donataire; 3° révocabilité. Or, quand je dis : Je donne telle chose à Paul si j'échappe au naufrage, j'indique bien que je me préfère au donataire, tout en préférant le donataire à mes héritiers ; j'indique même peut-être que j'entends que le bien rentre entre mes mains en cas de prédécès du donataire. Mais de quel droit viendrait-on dire de plus que j'ai entendu faire une donation révocable? Quand un contrat est licite, que l'on supplée aux lacunes d'un acte qui en renferme les principaux caractères pour dire que l'on a voulu bien certainement former ce contrat, on le comprend ! Mais il n'est pas possible d'annuler un

(1) MM. Delvincourt, II, p. 278, notes; Vazeille, 651, n° 6; Coin-Delisle, sur l'article 651 ; arrêts de Montpellier, 4 décembre 1835; Nîmes, 14 mai 1810 ; Grenoble, 8 avril 1820; Limoges, 16 janvier 1841, etc., etc.

(2) MM. Grenier, art. 651, n° 10; Toullier, V, n° 274; Coin-Delisle, art. 651, n° 30-35.

acte sous le curieux prétexte qu'on doit y sous-entendre certaines clauses qui n'y sont pas exprimées, et qui seules pourraient produire la nullité (1).

CHAPITRE II.

DROIT DE RETOUR LÉGAL.

Le droit de retour légal, nous l'avons déjà dit, existe indépendamment de toute convention par la seule autorité de la loi. Néanmoins, nul n'est héritier qui ne veut, et la volonté de celui en faveur de qui ce droit de retour a été créé doit se joindre à celle de la loi pour que les biens donnés lui soient acquis. Et, d'abord, une renonciation prématurée, antérieure à la mort du donataire, ne mettrait pas obstacle à l'exercice de ce droit, si le donateur venait à changer d'avis. Nous sommes en effet en matière de succession, et les pactes sur successions futures sont formellement prohibés (art. 791, 1130, 1600) (2). La renonciation au bénéfice de ce droit ne peut donc avoir lieu qu'après la mort du donataire. Bien plus, la loi investit tout de suite celui au profit de qui elle a créé ce droit, sans consulter sa volonté. De même qu'en matière de succession, la loi saisit l'ayant droit, sauf à lui à répudier plus tard ce bienfait. Le donateur n'a pas besoin de se faire envoyer en possession; il a le droit d'appréhender lui-même les biens héréditaires; du jour du décès du donataire, il est propriétaire des biens donnés, et même il en est possesseur. Telle est la manière dont il est investi de son droit (3). On a cependant voulu nier cette conséquence du caractère de droit de succession imprimé au retour légal. Des auteurs (4) ont vu dans le droit de retour légal au moins un droit de succession irrégulière, et dès lors

---

(1) MM. Merlin, Vᵒ donation, sect. 1, § 3; Delvincourt, II, p. 76, note 5; Duranton, VIII, nᵒˢ 478 et suiv.; Vazeille, art. 944, nᵒ 7; Marcadé, 951, nᵒ 5; Troplong, nᵒˢ 1270 et 1271; D. Alph., Vᵒ donations, nᵒ 1773.

(2) MM. Chabot, 747, nᵒ 7; Demolombe, XIII, nᵒ 482; Coin-Delisle, revue critique, XI, p. 230; D. Alph., Vᵒ succession, nᵒ 217.

(3) MM. Demolombe, XIII, nᵒ 482; Toullier, II, nᵒ 236; Duranton, VI, nᵒ 206; Marcadé, 747, nᵒ 9; Chabot, 747, nᵒ 9; Vazeille, 747, nᵒ 14; Demante, III, nᵒ 55 bis; Coin-Delisle, rev. crit., XI, p. 224 et suiv.

(4) MM. Zachariæ, Aubry et Rau, IV, nᵒ 558.

ont exigé l'envoi en possession pour l'ascendant donateur. Pour le soutenir, ils se sont fondés principalement sur cette idée que les art. 351 et 352, 747, devaient se compléter par l'art. 766, qui, dans l'hypothèse où il est placé, ne crée bien certainement que des successeurs irréguliers. C'est à tort ; l'assimilation, la réunion de tous les articles qui parlent du droit de retour légal, nous paraît en soi chose très raisonnable, et, en présence des lacunes de chacun de ces articles, rien de plus naturel que de les combler à l'aide des lumières que peuvent nous fournir les autres. Cette manière de raisonner a cependant été très-vivement critiquée (1). Mais quelque légitime qu'elle nous paraisse, elle sortirait de ses véritables limites si on l'appliquait en dehors des cas où il y a lacune. Or, ici la place de ces articles nous indique à elle seule le caractère du droit qu'ils confèrent, et si l'art. 766 établit incontestablement un droit de succession irrégulière, il ne nous paraît pas moins incontestable que, dans les art. 747 et 351 et 352, le droit de succession est un droit de succession régulière.

Un droit de succession se perd par la renonciation ; il se confirme au contraire et s'attache irrévocablement à nous par l'acceptation. Il est de principe que nul ne peut accepter ou répudier une succession pour partie. Quelle sera ici l'influence de ce principe ? L'ascendant, appelé à exercer un droit de succession ordinaire et appelé en même temps à exercer le droit de retour légal, pourra-t-il renoncer à l'un et accepter l'autre ? Une pareille décision violerait-elle le principe que nous venons de rappeler ? Cela revient à se demander si, dans notre hypothèse, il y a deux droits de succession distincts.

Cette question n'a pas seulement de l'importance au point de vue qui nous occupe : elle en a également sur la question de savoir si l'ascendant donateur, ne venant qu'à ce titre à la succession du donataire, sera obligé au rapport. Le cas, il est vrai, est peu pratique, et on voit rarement les descendants faire à leurs ascendants des libéralités qui soient soumises au rapport. En elle-même, et quant au point de savoir si l'acceptation de l'une des deux successions est compatible avec la renonciation à l'autre, la solution affirmative de notre question générale permettrait à l'ascendant de garder les biens donnés auxquels il attache peut-être un grand prix d'affection sans s'exposer à un fardeau trop considérable

(1) M. Colm-Delisle, loc. sup. cit.

de dettes, par suite de son acceptation même comme héritier ordinaire. Néanmoins à ce point de vue encore, l'importance pratique de la question sera très-faible, parce que l'ascendant préférera renoncer ou accepter sous bénéfice d'inventaire, et acheter à la vente qui se fera les objets pour lesquels il aura un intérêt d'affection. On a dit encore que l'ascendant peut désirer avantager un parent plus éloigné par sa renonciation à la succession ordinaire, sans lui transmettre en même temps les biens donnés. Nous ne pouvons admettre que ce soit là un motif légitime d'intérêt de notre question. La renonciation à une succession a pour but l'intérêt de celui qui renonce et non l'intérêt de ses cohéritiers. Quand elle a lieu dans l'intérêt de ces derniers, c'est une donation, que la loi d'ailleurs présume dans un certain nombre de cas, pour poursuivre une véritable fraude qui se consomme sur cette apparence. Le but, dans ce cas, serait donc illégitime, et ne doit pas être pris en considération. Mais si, après avoir accepté d'abord la succession anormale, il se découvre des dettes jusques-là restées inconnues et auxquelles l'ascendant veuille échapper au moins pour la succession ordinaire, pourra-t-il répudier cette dernière succession? Voilà l'intérêt de la question. On le voit, cet intérêt est sans doute généralement minime, parce qu'il ne se présentera rarement dans la pratique; mais enfin, que dire s'il se présente? Un auteur surtout a soutenu un système d'indivisibilité de la succession entière. Il a d'abord invoqué l'ancien droit en sa faveur; il paraît, en effet, incontestable que, sous l'ancien droit, l'héritier qui serait venu à la succession de certains propres et aurait eu de plus droit à la succession des meubles et des acquêts, n'aurait pu accepter la succession des propres et refuser celle des acquêts, ou *vice versa*. Sans doute, quand l'ascendant donateur n'a droit qu'aux biens donnés, on peut sans danger se servir d'expressions qui indiquent deux successions différentes. Mais ce langage, bon pour expliquer la théorie de la loi dans ce cas, est au fond faux et dangereux. Une personne ne laisse jamais qu'une seule succession, quel que soit le nombre de ses héritiers. Il en est ainsi quand il y a des successeurs réguliers et des irréguliers, quoique les règles soient différentes pour les uns et pour les autres. Il faut décider de même dans notre espèce, et appliquer encore dans ce cas la maxime : *Nemo pro parte heres* (1). Nous récuso-

---

(1) M. Coin-Delisle, XI, p. 222 et suiv. (rev. crit.); V. aussi Delvincourt, II, p. 18, note 4.

rons d'abord l'autorité de l'ancien droit; en effet, à cette époque la distinction des propres et des acquêts était la règle générale pour des motifs
que nous n'avons pas à apprécier. Voir, dans ce cas, deux successions
distinctes, c'eût été partager ainsi toutes les successions. Actuellement,
il n'en est plus de même; la succession anormale est toute exceptionnelle
et a ses raisons d'être spéciales. Quand on veut la séparer de la succession déférée suivant les règles ordinaires, ce n'est pas qu'il y ait deux
patrimoines dans la succession, il n'en existe qu'un. Mais une partie des
biens est dévolue suivant des règles toutes spéciales, qui n'ont presque
rien de commun avec les règles des successions ordinaires. Ce qui oblige
donc à opérer cette séparation et à dire qu'il y a là deux successions
distinctes, c'est qu'il faut appliquer à chaque espèce de biens des règles
différentes. Quelle est l'origine de ce principe qu'on ne peut accepter
pour partie? C'est cet autre principe que la vocation de chaque héritier est universelle, s'étend à toute la succession; le concours seul des
cohéritiers entre eux les oblige à partager : *concursu partes fiunt*. Ici,
nous avons si bien des règles spéciales nous obligeant à distinguer deux
sortes de successions, que l'on est bien forcé de convenir que l'ayant droit au
retour légal n'a point une vocation à toute l'hérédité. Aussi peu lui importe
que les héritiers ordinaires acceptent ou renoncent; leur renonciation
n'ouvrirait point pour lui ce qu'on appelle à tort ou à raison le droit
d'accroissement; car sa vocation est limitée par la loi elle-même aux biens
donnés. Par conséquent il y a bien un véritable mur de séparation entre
les deux successions; et puisque l'héritier a deux vocations différentes,
on ne voit pas pourquoi il ne pourrait pas accepter l'une et répudier
l'autre (1).

Seulement, et cette solution une fois admise, reste à savoir ce qu'il
faudra décider quand l'ascendant aura accepté ou répudié, sans préciser
celui des deux droits de succession auquel s'applique soit cette acceptation, soit cette répudiation. C'est sans doute là une question de circonstances, dont les faits pourront toujours éclairer plus ou moins la solution. Le plus souvent, il faudra tenir pour constant que l'acceptation
ou la renonciation s'applique aux deux droits de succession; car c'est là

---

(1) MM. Duranton, VI, n° 210; Demante, III, 56 bis, VI; Marcadé, art. 747; Zacharie, Aubry et Rau, IV, p. 616; Demolombe, XIII, n° 489; arrêt de la Cour de cassation,
8 mars 1858 (D. P., 58, I, 97).

sans doute le cas le plus fréquent, et l'on ne peut pas présumer un fait qui ne sera jamais que très-exceptionnel (1).

TITRE III.

QUELLES PERSONNES PEUVENT EXERCER LE DROIT DE RETOUR.

CHAPITRE PREMIER.

DROIT DE RETOUR CONVENTIONNEL.

Sur ce point, la loi est d'une clarté qui ne laisse rien à désirer, en tant qu'elle nous indique les personnes qui peuvent ou non stipuler le droit de retour. L'art. 951 s'exprime ainsi : « le donateur pourra stipuler le droit de retour des objets donnés, soit pour le cas de prédécès du donataire seul, soit pour le cas de prédécès du donataire et de ses descendants. Ce droit ne pourra être stipulé qu'au profit du donateur seul. » Ainsi le donateur ne peut stipuler le droit de retour qu'à son profit. Il ne pourrait le stipuler au profit d'un tiers, ce serait une subs. titution; et le mot de retour dans une semblable hypothèse ne serait qu'un mensonge, puisque le bien donné ne retournerait pas à son point de départ. Il ne pourrait pas le stipuler au profit de ses héritiers, qui cependant ne font avec lui qu'une seule et même personne, *qui perso- nam ejus sustinent.* Cependant il n'y aurait plus substitution; l'inter- version de l'ordre général des successions qui résulte de cette institution ne se produirait pas; il y aurait là une stipulation ordinaire qui, comme toute autre, devrait profiter aux héritiers. Pourquoi donc le législateur a-t-il proscrit cette clause, permise, que dis-je? même présumée dans

---

(1) MM. Toullier, II, n° 237; Marcadé, art. 747; Demolombe, XIII, n° 490. Contra, Vazeille, art. 747, n° 4.

l'ancien droit? Lui-même n'y a point vu une substitution ; car il parle de cette clause dans la section des donations. C'est que la clause du droit de retour établi au profit des héritiers, quoique ne constituant pas une substitution, n'en renferme pas moins certains inconvénients. Elle tient la propriété dans l'indécision, met des entraves à la libre circulation des biens, rétroagit d'une manière souvent désastreuse pour les tiers. Il fallait, tout en l'admettant, la restreindre dans son application, et tel est le but de l'art. 951.

Ces principes vont nous servir pour trancher une question sur laquelle la loi se montre beaucoup moins claire que sur la précédente. C'est celle de savoir quelle sera la sanction de l'art. 951, quel sera le sort des stipulations faites au mépris de cet article? Dans une semblable hypothèse, devra-t-on annuler pour le tout la donation soumise à cette condition, suivant la règle posée en matière de substitution par l'article 896? Ne devra-t-on annuler, au contraire, que la clause prohibée de retour en laissant subsister la disposition dans toutes ses autres parties? Des auteurs, partant de cette idée que, si le législateur a interdit la stipulation du droit de retour en dehors des limites que nous venons de fixer, c'est qu'il a vu alors dans cette disposition une véritable substitution, ont adopté la première opinion, et un arrêt les a suivis dans cette voie (1). Mais il nous semble qu'il vaut mieux faire des distinctions suivant les différentes hypothèses, et ne pas appliquer indistinctement la sanction de l'art. 896 pas plus que celle de l'art. 900. Lorsqu'on a voulu étendre à un tiers le profit du droit de retour (et nous appelons ici du nom de tiers toute personne même héritière du donateur si la stipulation n'est pas faite pour tous les héritiers du donateur (2), nul doute à nos yeux qu'il n'y ait là une substitution et qu'il ne faille appliquer l'art. 896. Il n'y a alors du droit de retour que le nom; le bien ne retournerait pas à son point de départ; il irait entre les mains d'une

(1) MM. Merlin, rép. V° substit. fidéic., sect. 8, n° 10; Toullier, V, n° 48; Grenier, n° 84 bis; Delvincourt, II, p. 77; Duranton, VIII-487; Guilhon, n° 875; Vazeille (article 951, n° 7); arrêt de Riom, 9 avril 1829. Cet arrêt ne tranche pas directement la question. Il déclare seulement qu'il y a là une substitution. Mais s'il n'applique pas les conséquences de son principe, c'est qu'il prononce sur une donation faite sous l'ancien droit. Or, les lois nouvelles, en prohibant les substitutions pour l'avenir, ont maintenu les biens donnés sur la tête des grevés.

(2) Contra : cass., 3 juin 1823.

personne étrangère; nous trouvons bien ici un donateur, un grevé, un appelé. Un auteur contredit cette solution quand le droit de retour est stipulé au profit du donateur ou d'un tiers (1). Suivant lui, dans cette espèce, le droit de retour est véritablement réservé; seulement il est porté au delà de ses limites légales. Il ne faut que l'y faire rentrer et le dégager de son exubérance. Mais cette exubérance elle-même fait intervenir dans la donation l'idée de substitution. De deux choses l'une en effet : ou le donateur survivra ou il prédécédera. S'il survit, il n'y aura que l'application du droit de retour ; mais s'il prédécède, il y aura une véritable substitution. Nous trouvons donc là une substitution conditionnelle; et cela suffit pour tout annuler. En effet, toute stipulation de substitution rend nulle la disposition entière, et cependant une substitution est toujours conditionnelle; on n'est jamais sûr qu'elle aura lieu, puisqu'il faut pour qu'elle s'ouvre que l'appelé survive au grevé. Donc, dans notre espèce, quoique la substitution soit conditionnelle, on doit tout annuler (2).

Si le bénéfice du droit de retour n'est réservé qu'aux seuls héritiers du donateur, nous persistons à voir encore là une substitution, soumise pour le tout à la sanction de nullité de l'art. 896. Les héritiers en effet, dans ce cas, ne recueilleraient pas les biens donnés à titre d'héritiers, mais à titre de donataires; ce serait donc bien une donation mise en second ordre dans une première donation. Dans toutes ces hypothèses, nous supposons bien entendu que le soi-disant droit de retour n'irait rejoindre le tiers ou l'héritier qu'à défaut du donateur; mais si l'on avait stipulé expressément que le donateur devrait survivre au donataire ou à sa postérité, et que, malgré cette survie, ce ne serait pas à lui, mais au tiers ou à l'héritier que les biens donnés passeraient, il n'y aurait plus substitution, mais donation d'un droit conditionnel stipulé valablement au profit du donateur, ce qui serait très-licite (3).

Quand donc la stipulation d'une clause de retour prohibée laissera-t-elle subsister la disposition principale? c'est quand elle sera faite au profit du donateur et de ses héritiers. Dans cette hypothèse, ce n'est pas l'idée de substitution qui entraîne la nullité de la clause. Quiconque stipule est censé stipulé pour soi et ses héritiers (1122); les héritiers et le

(1) M. Troplong, III, n° 1569.
(2) MM. Coin-Delisle, art. 951, n° 28; D., Alph. V° substitution, XLI, n° 204.
(3) MM. Coin-Delisle, art. 951, n° 20; D., Alph. V° substitution, XLI, n° 202 in fine.

de cujus ne forment qu'une seule personne au point de vue juridique. Cela est si vrai que jamais les lois révolutionnaires, malgré leur haine contre les substitutions, n'ont prohibé cette clause; bien plus la loi du 17 nivôse an II, que personne n'accusera de tendances aristocratiques, permettait formellement cette stipulation (art. 74). Ce qui l'a fait prohiber par l'art. 951, ce sont les inconvénients économiques de l'incertitude pesant sur le sort de la propriété. Or l'art. 900 forme à tort ou à raison le droit commun en matière de donations. Nous comprenons bien que l'on critique la disposition de cet article; il est en effet plus ou moins conforme à la raison. Mais il ne faut pas par inclination pour le principe contraire vouloir l'étendre en dehors des cas prévus par la loi, et il est bien certain que dans notre matière l'art. 896 forme une exception inapplicable à toute autre libéralité qu'à une substitution (1).

CHAPITRE II.

DROIT DE RETOUR LÉGAL.

Le droit de retour légal ayant été établi par la loi au profit de certains parents légitimes, adoptifs ou naturels, nous examinerons successivement qui en jouit dans chacune de ces familles.

SECTION 1re.

Famille légitime.

Le droit de retour dans cette hypothèse est expliqué par l'art. 747. Or cet article nous dit : les ascendants succèdent, à l'exclusion de tous autres, aux choses par eux données. Il faut donc pour avoir droit au bénéfice de l'art. 747 être d'abord donateur (c'est une condition qui vraiment n'a pas besoin d'être exprimée); en deuxième lieu être ascendant. Les collatéraux n'ont plus dans notre droit le bénéfice du retour légal que leur accordaient jadis quelques coutumes dont les dispositions, il est vrai, étaient exceptionnelles (2). De plus, de ce qu'il faut être soi-même do-

<hr/>

(1) V. dans le sens de ces diverses distinctions, MM. Coin-Delisle, art. 751, n° 26; Marcadé, 751, n° 4; Troplong, 1267 et suiv.; D. Alph., Vo substit., n°s 261 et suiv., et les arrêts de cass., 3 juin 1823 (sauf la restriction de la note 2 de la page 78; Bordeaux, 5 mars 1824; Bordeaux, 22 juin 1835; Rej., 8 juin 1836.

(2) Coutume d'Auvergne (art. 242). Telle était également la jurisprudence du parlement de Toulouse.

nateur pour avoir droit au retour légal, il s'ensuit que l'on ne pourrait plus décider, comme on le faisait jadis dans les pays de droit écrit par application de la loi 6, D., *de collat. bonorum*, que l'aïeul étant décédé après avoir donné à son petit-fils, le droit de réversion appartiendrait au fils. Cette décision, découlant de l'obligation de doter à laquelle le père était alors assujetti, a dû disparaître avec cette obligation elle-même.

Nous avons vu les motifs qui avaient fait établir ce droit de retour légal. Ils expliquent parfaitement comment il se fait qu'un semblable droit n'ait pas été établi au profit des héritiers du donateur; car aucun de ces motifs ne leur serait applicable. Seulement, une fois le droit ouvert au profit du donateur, il devient comme tout autre transmissible aux héritiers. Si, dans la famille adoptive, on voit dans certains cas le droit de retour exercé par les héritiers, indépendamment du principe de transmission, ceci tient aux motifs particuliers de ce droit de retour que nous allons maintenant expliquer. Mais ici le retour légal n'existe pas au profit des héritiers du donateur, parce que généralement les biens qui y seraient soumis n'en resteront pas moins à la famille du donateur, puisque sa famille est en même temps celle du donataire.

SECTION II.

Famille adoptive.

Le droit de retour légal dans la famille adoptive est l'objet des art. 351 et 352, Code Napoléon. Ici, comme nous venons de le dire, il n'est pas limité à la personne du père adoptif donateur; mais, quoique dans de moindres limites, il pourra être également exercé par les descendants de l'adoptant. Quant à ces limites, nous les examinerons plus tard. Le motif de cette extension du droit de retour se trouve dans cette considération que la famille de l'adoptant et la famille de l'adopté sont deux familles distinctes. L'ascendant adoptif a bien voulu comprendre sans doute dans ses libéralités la descendance de l'enfant adoptif; on conçoit que son affection puisse se reporter sur elle; mais il serait bien cruel pour lui ou les siens de voir des biens, destinés à conférer un bienfait tout personnel, passer entre des mains étrangères. Telle est la raison de cette extension.

L'art. 351 nomme, comme ayant droit au retour légal, les descendants de l'adoptant. Et ici commence déjà cette série de difficultés qui s'élèvent incessamment dans notre matière sur les mots : ascendants et descendants. Le droit de retour légal existe-t-il au profit des descendants adoptifs et des descendants naturels de l'adoptant ? Je crois que l'on doit repousser leurs prétentions. En ce qui concerne l'enfant adoptif, je l'écarterai pour deux motifs : le premier, c'est que l'adopté n'est assimilé à l'enfant légitime que pour ses droits sur la succession de l'adoptant (350); cet article dit même formellement que l'adopté n'a aucun droit de succession sur les biens des parents de l'adoptant, ce qui s'applique fort bien à notre hypothèse. En deuxième lieu, cette disposition s'explique parfaitement dans son application à notre espèce. Il n'y aurait plus en effet retour des biens dans la famille réelle, mais seulement dans une famille fictive, et cela aux dépens de qui ? des parents de l'adopté. On conçoit facilement que, dans un cas semblable, la loi n'avait pas les mêmes motifs de regretter la transmission des biens de l'adoptant dans la famille de l'adopté (1).

Je repousserai également les enfants naturels de l'adoptant. Vis-à-vis d'eux, point de terme moyen possible: il faut rejeter ou admettre leurs droits pour le tout; car s'ils sont compris sous le mot de descendants de l'art. 351, rien, dans cet article, ne les met sur un plan inférieur à celui où se trouvent placés les enfants légitimes. Or, admettre une semblable assimilation, c'est contredire tous les textes de notre Code qui, dans l'intérêt de la famille légitime, ont toujours diminué la part de l'enfant naturel. On comprendrait encore moins dans notre espèce cette faveur inusitée faite par le législateur à l'enfant naturel, qu'il s'agirait de le faire participer au bénéfice, non pas d'un droit de succession ordinaire, mais d'un droit de succession anomale, dont la loi doit se montrer encore plus avare. Il faut donc repousser complétement l'enfant naturel du donateur prétendant jouir du bénéfice de l'art. 351.

Ainsi, les descendants légitimes de l'adoptant ont seuls droit au retour légal. Pour savoir quels sont ceux qui ont ce droit, faut-il appliquer ici les principes de la représentation ? Nous le croyons; nous avons dit plus haut qu'il y a là une succession régulière, et la représentation est la règle constante et équitable des successions régulières.

---

(1) M. Zachariæ, IV, p. 225. Contra : M. Demolombe, VI, n° 174. La jurisprudence vient de se prononcer dans notre sens par deux arrêts : Bordeaux, 23 août 1854 (Dev., 54, 2,598), et Cass., 14 fév. 1855 (Dev. 55, 1, 185).

SECTION III.

Famille naturelle.

Nous passons maintenant aux règles qui régissent le droit de retour légal dans la famille naturelle. Dans cette famille, le droit de succession dont nous nous occupons existe-t-il en faveur de l'ascendant donateur, comme dans les familles légitime et adoptive? Telle est la première question qui s'agite naturellement et que la loi n'a point tranchée d'une manière formelle : elle parle bien, dans l'art. 747, d'un droit en faveur de l'ascendant donateur; mais cette expression comprend-elle l'ascendant naturel? Elle parle bien encore d'un droit semblable au profit des frères et sœurs légitimes de l'enfant naturel, c'est-a-dire des descendants légitimes de l'ascendant naturel. Mais de ce dernier, pas un mot. Un semblable silence ne pouvait que donner lieu à une grave controverse. La lutte s'est engagée sur le terrain des textes comme sur celui des motifs de la loi. En faveur des parents naturels, on a invoqué d'abord l'art. 747, dont les termes ne distinguent pas, et qui parle des ascendants en général. On a invoqué surtout l'art. 766, dont on a prétendu faire une application *à fortiori*. En effet, cet article, dans des limites que nous examinerons plus tard, a établi formellement un droit de réversion en faveur des descendants légitimes du père naturel, droit de réversion improprement dit dans ce cas, puisqu'il s'opère non pas au profit du donateur, mais au profit des descendants légitimes de ce donateur. Or, comment, en obéissant à une semblable pensée, le législateur aurait-il négligé l'auteur même de la donation? Sans doute, l'utilité d'un droit de succession anomale ne se fera pas sentir pour l'auteur naturel, 1° si lui seul a reconnu l'enfant et que l'autre auteur ait gardé le silence; 2° si, quoiqu'il y ait reconnaissance du père et de la mère, le donateur survit seul à l'enfant; car, dans ces deux hypothèses, l'art. 765 suffit à tout, et un droit de succession complet existe à son profit. Ce premier système ne lui serait alors utile que s'il voulait accepter l'une des deux successions et répudier l'autre. Mais son utilité se fera sentir, lorsque le père et la mère auront reconnu tous deux l'enfant et lui survivront également tous les deux. Malgré ces restrictions, l'importance d'un pareil droit est encore trop grande pour les parents naturels, pour que l'on puisse croire facilement à un oubli de la part du législateur. S'il n'a rien dit de spécial pour eux, c'est qu'il les croyait

compris dans les termes de l'art. 747. Enfin tout justifie un pareil système dans la pensée de la loi. Ne fallait-il pas encourager les libéralités plus encore en faveur des enfants naturels, si délaissés ordinairement, qu'en faveur des enfants légitimes? Ne serait-il pas bien plus
cruel pour le donateur de voir ses biens passer entre les mains d'une
personne qui sera devenue le plus souvent l'objet de sa haine, avec laquelle probablement il n'a plus tout au moins aucun rapport, que de
les voir passer entre les mains de neveux, nièces ou autres parents légitimes? Enfin le résultat du système contraire serait d'enrichir injus-
tement l'un des concubins aux dépens de l'autre (1). Il nous semble
que, considéré au seul point de vue de l'équité, ce premier système
devrait triompher. Nous ne comprenons pas les reproches qu'on lui a
adressés, en disant « que ce serait un combat scandaleux que celui d'un
père et d'une mère naturels, autrefois concubins, se haïssant peut-être
actuellement avec passion, et revendiquant chacun dans la succession
de leur enfant commun ce qui peut provenir de chacun d'eux pour s'en
faire un préciput avant que de partager sa succession (2). » Ce qui nous
paraît beaucoup plus scandaleux qu'une semblable lutte, c'est l'enrichissement des concubins au préjudice l'un de l'autre, ce sont des libéralités se reportant de par la loi elle-même de l'enfant naturel vers
l'un des concubins. Voilà ce qui est véritablement immoral. Cependant
il ne faut pas se dissimuler qu'après tout ces inconvénients ne sont
guère que le résultat de l'abrogation de l'ancienne règle : *paterna, paternis; materna, maternis*, et que le partage par moitié établi par la loi
y remédie au moins en partie. Quoi qu'il en soit, nous croyons ferme-
ment que sur le terrain des textes le deuxième système est vainqueur,
et dès lors, malgré l'échec partiel qu'il doit, suivant nous, subir, il
n'en sort pas moins victorieux du combat. Les parents naturels ne
doivent pas avoir le droit de retour légal, d'abord parce que l'art. 747
n'a pas été fait pour eux. Cet article, en effet, voit son expression générale restreinte par la place qu'il occupe dans la loi. Il se trouve dans le
titre des successions régulières, dans le chapitre des successions déférées aux ascendants légitimes. La rubrique du chapitre dispensait le

---

(1) MM. Duranton, VI, n° 221; Chabot, art. 747, n° 4; Poujol, art. 841, n° 10; Marcadé, art. 747, n° 2; Vazeille, art. 747, n° 12; Taulier, III, p. 153; Benoît, de la dot
II, n° 80.

(2) M. Coin-Delisle, Revue critique, X, p. 230.

législateur de préciser sa pensée dans chaque article. De plus, la loi a eu le soin de traiter séparément notre sujet à trois endroits distincts, et l'art. 747 ne concerne que la famille légitime, de même que les art. 351 et 352 ne s'occupent que de la famille adoptive, et l'art. 766 de la famille naturelle. Les expressions de l'art. 747 n'ont pas dispensé le législateur de s'expliquer sur la famille adoptive; elles ne devaient pas le dispenser de parler des enfants naturels. D'ailleurs le principe de l'art. 732 doit dominer toute la matière, quand on n'y trouve pas d'exception formelle; cet article, quoi qu'on ait dit (1), s'applique aussi bien en matière de succession irrégulière qu'en matière de succession régulière; il est général dans notre droit. Dès lors, aussitôt que l'on sort des termes de l'art. 747, on retombe sous l'application de ce principe. L'art. 766 prête-t-il à la doctrine contraire une base plus solide que l'art. 747? Non, car l'art. 765 vient détruire l'argument que l'on prétendrait en tirer. Lorsque les parents de l'enfant naturel survivent tous les deux, l'art. 765 nous dit qu'à défaut de postérité légitime ils succèderont par moitié. Cet article est clair et précis; l'empire de la lettre est ici irrésistible et ne prête à aucune distinction. On le voit: l'hypothèse est formellement prévue et réglée par le législateur contre l'extension de l'art. 747. Enfin, pour l'argument *a fortiori* de l'art. 766, il ne procéderait bien que si la comparaison entre les deux hypothèses se présentait dans une même situation. Que veut-on en effet? Préférer un des concubins à l'autre pour les biens qu'il a donnés. Prouvez-donc que, vis-à-vis du parent non donateur survivant, les enfants légitimes du donateur prédécédé seraient également préférés. Si une semblable preuve était faite, nous avouons que nous serions ébranlés, et nous ne comprenons guère comment des auteurs ont pu concilier entre eux ces deux systèmes (2). Mais, comme nous espérons démontrer qu'il n'en est pas ainsi, l'argument *a fortiori* s'évanouit par là même et il reste démontré que les parents naturels n'ont pas le droit de retour légal (3).

---

(1) M. Coin-Delisle, loc. cit.

(2) MM. Massé et Vergé sur Zacharia, II, p. 287, note 10, 281 et 282, note 9, *in fine*.

(3) MM. Malpel, nº 166; Massé et Vergé, loc. cit.; Aubry et Rau, IV, p. 227; Demante, III, nº 85 bis, III; Ducaurroy, Bonnier et Roustain, II, nº 636; Demolombe, XIII, nº 406. On peut encore invoquer en ce sens les travaux préparatoires où l'on voit précisément qu'on a refusé aux père et mère naturels le droit de retour légal, parce qu'ils succèdent à tous les biens de l'enfant (Fenet, XII, p. 32).

Nous verrons enfin que le but que le législateur a voulu atteindre dans l'art. 766 n'a pas d'application possible vis-à-vis des père et mère de l'enfant naturel.

De même que dans la famille adoptive, et à la différence de ce que décide la loi pour la famille légitime, le droit de retour légal existe dans la famille naturelle au profit de ceux que la loi appelle à tort les frères et sœurs légitimes de l'enfant naturel (car un enfant naturel ne peut avoir que des ascendants et des collatéraux naturels), et qu'il vaut mieux appeler les enfants légitimes du père ou de la mère naturelle. La loi parle ici des enfants légitimes, ce qui exclut sans aucun doute les enfants adoptifs et naturels. Le but de la loi en établissant ce droit au profit des enfants légitimes du donateur a été de leur procurer la restitution de biens que la faute du père l'avait contraint de prélever sur ce qui doit passer à la famille légitime. Pour le père, une semblable restitution n'était pas commandée d'une manière aussi impérieuse ; car pour lui il ne fait que subir les conséquences de sa faute.

La loi, dans l'art. 766, ne parle que des frères et sœurs légitimes de l'enfant naturel, tandis que, dans l'art. 351, elle parlait indistinctement de tous les descendants de l'adoptant. Que faut-il donc décider pour les enfants de ces frères et sœurs légitimes ? Un premier système les exclut complètement. L'art. 766 est, dit-on, formel ; il accorde un droit de succession anomale, et il ne l'accorde qu'aux frères et sœurs légitimes. Impossible d'étendre des termes aussi limitatifs. Et de plus ce n'est pas évidemment sans intention que le législateur s'est ainsi prononcé. En même temps qu'il parle ici des frères et sœurs légitimes, il parle également des frères et sœurs naturels. Sur ce point le Tribunat remarque que l'on ne parle pas des descendants des frères et sœurs naturels, qu'il serait bon d'ajouter ce mot pour que le texte de la loi comprenne toute la latitude qui est dans son esprit (1). Aucune remarque semblable n'est faite en ce qui concerne les descendants des frères et sœurs légitimes. En présence de ces faits, comment croire à un oubli ? L'oubli ne peut être que volontaire, et dès lors condamne énergiquement les prétentions de ces descendants. Les principes de la représentation ne sauraient être invoqués en leur faveur; car la représentation n'est possible que dans les successions régulières, puisque là seulement le législateur

(1) Fenet, XII, p. 52.

lui a fait formellement une place (1). Néanmoins les partisans de ce système ne mettent pas tous une égale énergie à le défendre. Les plus intré-
pides vont bien jusqu'à décider que le frère légitime aura tout à l'exclusion de son neveu, fils d'un autre frère légitime prédécédé (2). D'autres,
reculant devant un semblable héroïsme, décident que dans ce cas la représentation sera admise, mais la rejettent au cas où il n'y aurait plus ni
frères ni sœurs légitimes. De cette distinction, il serait sans doute bien
difficile de donner de bonnes raisons; car, dans l'un comme dans l'autre
cas, ce sont toujours des neveux et nièces que l'on appelle malgré les termes de l'art. 766 que cependant on invoque (3). Un autre auteur enfin les
admet toujours dans les cas où la représentation est applicable et ne leur
refuse qu'une vocation de leur chef (4). C'est là une suite de ce respect
exagéré du texte de la loi qui fait décider au même auteur (5) que la représentation est une fiction et qui dans l'espèce lui fait transformer en
frères et sœurs les neveux et nièces. Ces dissentiments, ces vacillations,
ces contradictions mêmes des auteurs du premier système nous donnent la
conviction qu'il faut admettre les descendants des frères légitimes au
droit de retour légal. Le système qui les exclut, en effet, aboutit à des
conséquences qui heurtent trop violemment l'esprit de la loi pour être
admises, et le texte ne commande pas du tout une semblable solution.
Remarquons d'abord que le but du législateur a été de faire retourner à
la famille légitime les biens qui en avaient été détournés. Comment donc
pourra-t-on jamais expliquer l'intérêt qu'aurait le législateur à voir sur
ce point une branche de la famille légitime préférée à l'autre? Ainsi les
frères et sœurs légitimes seuls et non les neveux et nièces seront préférés sur les biens provenant de leur famille au fisc ou aux bâtards de la
concubine. « En soi, dit avec raison un auteur dans son indignation, la
proposition est un blasphème contre la raison et le législateur (6).» Non,
un tel résultat est impossible. Les enfants seront admis d'abord au cas de

---

(1) MM. Grenier, II, n° 677; Malpel, n° 464; Richefort, de l'état des familles, III,
n° 456; Ducaurroy, Bonnier et Roustain, II, n° 537; Demante, III, n° 56 bis, IV; Massé
et Vergé, sur Zacharie, II, p. 281; Marcadé, art. 766, n° 2.
(2) MM. Massé et Vergé, loc. cit.
(3) M. Demante, loc. cit.
(4) M. Marcadé, loc. cit.
(5) M. Marcadé, art. 744, n° 2.
(6) M. Coin-Delisle, consultation dans l'affaire Labirigoyen (D., P., 1853, 2, 116).

représentation, parce que les règles de cette matière sont applicables à l'espèce, parce que la représentation s'applique toujours dans la famille légitime à quelque succession qu'elle vienne. Ils auront même une vocation de leur chef, parce que lorsque la loi parle de frères et sœurs légitimes, elle parle par cela même des descendants d'eux ; ce n'est que pour éviter la répétition de ces circonlocutions qu'elle ne parle point ici des descendants. Et quant à la remarque du Tribunat, oui, elle était juste : il a bien fait de faire réparer l'oubli en ce qui concerne les descendants des frères et sœurs naturels, parce que pour eux certainement il en eût été autrement au cas de silence du législateur. Mais ici il n'a rien dit ; car il n'avait rien à dire ; il allait de soi que l'on ne repoussait pas les descendants des frères et sœurs légitimes quand on admettait ceux des frères et sœurs naturels (1).

Nous avons vu que, dans la famille adoptive, les descendants de l'adoptant ne peuvent exercer le droit de retour qu'à son défaut. Il en est de même dans la famille naturelle. Sur ce point, l'art. 766 s'exprime ainsi : en cas de prédécès des père et mère naturels. Le mot « et », a donné lieu, lui aussi, à une des questions les plus délicates de la matière. Faut-il que les père et mère naturels soient tous deux prédécédés, ou suffit-il du décès du parent donateur, pour ouvrir le droit de retour en faveur de ses descendants ? Dans ce dernier sens, on ne manque pas de protester une fois de plus contre le résultat du système contraire, qui serait d'établir encore des présomptions légales de libéralités entre concubins. On remarque également que dans les art. 351 et 352, et 747, on ne voit jamais qu'une seule classe d'héritiers faire obstacle au droit de retour, c'est celle des descendants ; et ici on voudrait qu'il en fût

---

(1) MM. Delvincourt, II, p. 67 ; Toullier et Duvergier, II, n° 269, note 2 ; Chabot, art. 765, n° 6 ; Duranton, VI, n° 337 ; Taulier, III, p. 201 ; Zachariæ, Aubry et Rau, IV, p. 226 ; Vazeille, art. 766, n° 3 ; Poujol, art. 765, n° 3 ; Demolombe, XIV, n° 156 ; Dalloz, rép. alph., V° succession, 41, n° 365 ; Coin-Delisle, loc. sup. cit. La question ne s'était pas présentée dans la jurisprudence avant 1850. À cette époque, le tribunal de la Seine (4 janv. 1850), et depuis, la cour de Paris, le 10 mai 1851, et la chambre civile de la Cour de cassation, le 1er juin 1853, se sont prononcés en faveur du premier système. C'était une conséquence presque infaillible du système de la jurisprudence sur le concours des neveux et nièces avec l'enfant naturel. D'ailleurs, ces arrêts n'ont donné aucun nouveau motif en faveur de leur cause, et ils ont laissé sans réponse la consultation si savante de M. Coin-Delisle (V. Devill. et Car., 1851, 1, 225, note ; 1853, 1, 481 ; Dalloz pér., 1843, 1, 177, et 2, 114, J. du P., 1856, 1, 537).

autrement ! Un héritier de la classe des ascendants y ferait également obstacle, et cela pour arriver à quel résultat ? à faire passer les biens provenant du père naturel, par exemple, entre les mains de la mère ? Ainsi ce ne sera pas au profit des enfants légitimes du donateur qu'existera le droit de retour, mais seulement au profit de ceux du donateur prédécédé. Quelle bonne raison pourra-t-on donner d'une semblable distinction ? L'art. 766 parle bien du prédécès des père et mère; mais il n'est pas sans exemple de voir le législateur se servir de la conjonction *et*, au lieu de la conjonction *ou*, témoins les art. 859 et 1041 (1). C'est, ce nous semble, faire au profit de ses sympathies trop bon marché du texte de la loi que de se permettre de semblables substitutions de mots, et si ces erreurs du législateur ne sont pas sans exemple, il ne faut pas non plus en augmenter sans nécessité le nombre jusqu'à en faire pour ainsi dire une règle. Or, la comparaison des deux articles 765 et 766 démontre jusqu'à l'évidence que la conjonction *et* a sa raison d'être dans ce dernier article. L'art. 765 s'occupe successivement du cas où existent le père et la mère, et de celui où il n'y a que l'un des deux. Quelle est donc dès lors la seule hypothèse qui reste à régler? celle où ils n'existent plus ni l'un ni l'autre, c'est celle de l'art. 766. De plus si l'art. 766 se prête ainsi à des altérations intéressées, heureusement l'art. 765 est trop précis pour offrir de semblables facilités. Dans le cas où il n'existe que le père ou la mère, ce père ou cette mère a certainement le tout. L'article, il est vrai, ne parle que du cas de reconnaissance par un seul des deux; mais il s'applique aussi bien au cas de prédécès de l'un des deux. C'est ce que personne ne conteste quand il s'agit d'opposer le survivant aux frères et sœurs naturels; c'est aussi ce que personne ne devrait contester en face des frères et sœurs légitimes. Et, sur cette dernière observation, les travaux préparatoires sont précieux à consulter. On a prétendu les invoquer contre notre système, parce que M. Treilhard, dans son discours au Corps Législatif, a dit : les père ou mère (2). Mais ce qui vaut mieux qu'un discours, expression de la pensée

---

(1) MM. Chabot, art. 766, n° 3; Vazeille, art. 766, n° 2; Duranton, VI, n° 338; Malpel, n° 164; Richefort, III, p. 22; Duvergier sur Toullier, IV, n° 269; Marcadé, article 766, n° 2; Massé et Vergé, sur Zacharia, II, p. 282; Dalloz, rép. alph., V° succession, n° 366; Pont, Revue de législ., II, 1846, p. 54 et s.; consultat. de MM. Loiseau et Duvergier (D. P., 1855, II, 182).

(2) Fenet, XII, p. 150.

d'un seul homme, c'est le compte rendu de la discussion, où l'on voit percer l'opinion du conseil tout entier. Or, l'art. 52 du projet déférait, à défaut des père et mère, la succession à tous les frères et sœurs, soit légitimes, soit naturels, et à leurs descendants. Que fit à ce sujet le conseil? Il supprima cette disposition en faveur des frères et sœurs légitimes, et y substitua pour eux le droit de retour qui nous occupe actuellement. Mais ce droit ne leur fut accordé que dans l'hypothèse où le projet leur accordait un véritable droit de succession (1). Ce deuxième système peut d'ailleurs se justifier, quoi qu'on ait pu dire, par quelques considérations. En effet, il s'agit de savoir qui l'on doit préférer de l'un des deux auteurs du défunt ou de ceux que la loi appelle ses frères légitimes. Or, remarquons que ces derniers, malgré cette qualification de la loi, ne lui sont nullement parents; il ne faut donc pas s'étonner que l'article leur préfère le père ou la mère survivante malgré sa faute. Enfin, on en a singulièrement exagéré les inconvénients en prétendant qu'avec lui on était infailliblement conduit à décider que les frères et sœurs légitimes succéderaient indifféremment aux biens donnés soit par l'auteur commun, soit par l'autre (2). Non certes, notre système ne produit pas de semblables résultats. L'idée seule de droit de retour suffit pour anéantir cette conséquence qu'on voudrait en vain en faire découler (3).

---

(1) Fenet, XII, p. 54.

(2) MM. Marcadé, loc. sup. cit. ; Massé et Vergé, loc. sup. cit.

(3) MM. Zacharie, Aubry et Rau, IV, p. 227; Demante, n° 85 bis, 11 ; Ducaurroy, Bonnier et Roustain, II, p. 537; Demolombe, XIV, n° 153; Cadrès, des enfants naturels, n° 214; Merville, Revue de droit français et étranger, 1848, p. 41. La jurisprudence s'est également prononcée en ce sens, malgré sa tendance à faire plier souvent le texte de la loi devant l'équité dans les espèces favorables. Voy. arrêts de Dijon, 1er août 1818; Riom, 4 août 1820; Paris, 27 nov. 1845 (Dev. et Car., 1846, 2, 196; Dalloz, 1845, 2, 181), et chambre des requêtes, du 3 mars 1840. Ce dernier arrêt, que nous avons vainement cherché dans les recueils, est indiqué par M. Merville.

TITRE IV.

CONDITIONS EXIGÉES CHEZ LE DONATAIRE POUR QUE LE DROIT DE RETOUR PUISSE S'EXERCER.

CHAPITRE Ier.

DROIT DE RETOUR CONVENTIONNEL.

En ce qui concerne le droit de retour conventionnel, ces conditions varient nécessairement suivant la convention des parties. Mais nous devons examiner dans quelles limites cette convention peut se mouvoir. L'art. 951 s'exprime ainsi : « Le donateur pourra stipuler le droit de retour des objets donnés, soit pour le cas du prédécès du donataire seul, soit pour le cas du prédécès du donataire et de ses descendants. » Telles sont les conditions permises par la loi ; elles paraissent au nombre de deux ; mais en les bien analysant on voit qu'elles sont en réalité au nombre de trois ; 1° si le donataire prédécède, même lorsqu'il aurait des enfants ; 2° si le donataire prédécède sans enfants ; 3° si le donataire et ses descendants prédécèdent (1). On pourrait même décomposer encore ces conditions en plusieurs autres ; car rien n'empêche le donateur, qui peut exclure de ses libéralités tous les descendants du donataire, d'en exclure seulement quelques-uns. Ainsi il peut stipuler le droit de retour si le donataire et son fils aîné prédécèdent, ou si le donataire et ses enfants mâles prédécèdent. Sans doute il

---

(1) Voir dans ce sens MM. Toullier, V, n° 286 ; Coin-Delisle, sur l'art. 751, nos 5 et 7 ; Marcadé, sur l'art. 951, n° 2 ; Dalloz, rép. alph., Vo donation, t. 16, n° 1759. Contra : Grenier, n° 32 ; Vazeille, sur l'art. 951, n° 2. Du reste, tout le monde reconnaît que, quand même ces trois conditions ne seraient pas prévues toutes formellement par la loi, elles n'en sont pas moins licites. Dès lors, la question de savoir si telle clause ou telle autre a été stipulée n'est qu'une question d'interprétation entièrement subordonnée au texte de l'acte de donation.

— 92 —

ne peut pas, suivant son caprice, régler la succession du donataire, stipuler qu'à sa mort le bien passera sur la tête de son fils aîné seulement, par exemple; tout cela constituerait une substitution. Mais, ce qu'il peut, c'est stipuler en sa faveur le retour du bien dans telle hypothèse donnée, aussi bien dans celle que nous venons d'indiquer que dans celles spécifiées par la loi. Ceci sera surtout d'une application fréquente en matière de contrat de mariage, quand des donations seront faites à l'un des époux déjà veuf. Le donateur pourra stipuler en sa faveur le droit de retour en cas de prédécès du donateur et des enfants à naître du mariage (1). Mais, quoique la condition, à laquelle la donation est subordonnée dans l'espèce, soit casuelle, il ne serait pas permis de stipuler le droit de retour en cas de prédécès du donataire et de tels héritiers collatéraux; la loi proscrit formellement une semblable extension du droit de retour, déjà nuisible dans les limites dans lesquelles elle a jugé à propos de le restreindre. Remarquons bien d'ailleurs la différence de ces deux clauses : si le donataire prédécède sans enfants, et si le donataire et ses enfants prédécèdent. Dans le premier cas, si le donataire laisse des enfants à son décès, quand même ils mourraient avant le donateur, le droit de retour serait éteint; il en serait autrement évidemment dans le deuxième cas (2). Enfin, le donateur ne pourrait point stipuler le droit de retour, dans les cas de prédécès des descendants du donataire seuls. L'article proscrit encore cette stipulation, parce qu'il faut que la donation profite au moins au donataire.

L'interprétation du mot descendants dépendra, ici surtout, des termes de la stipulation. Mais enfin, en supposant que le donateur n'ait pas employé d'autre expression que ce mot vague, revient toujours l'éternelle question de savoir si les enfants adoptifs et naturels sont compris sous cette expression, et si dès lors ils font obstacle à l'exercice du droit de retour. En l'absence de motifs spéciaux de décider, tirés des circonstances, nous n'hésitons pas à répondre : non. Il n'entre pas ordinairement dans les habitudes des donateurs de songer à une semblable postérité, et le doute doit toujours être interprété en leur faveur. De plus, le mot descendants, dans sa généralité, est inapplicable aux enfants na-

(1) MM. Guilhon, n° 870 et suiv.; Coin-Delisle, n° 9; Bayle-Mouillard sur Grenier, n° 32, note A; Dalloz, loc. sup. cit., n° 1760.
(2) MM. Grenier, n° 31; Toullier, V, n° 286; Guilhon, n° 873; Durauton, VIII, n° 491; Coin-Delisle, n° 15 et 16. Contra : Vazeille, n° 4.

turels et adoptifs; l'adoption, en effet, comme la reconnaissance de l'enfant naturel, ne produit que des effets restreints et limités aux rapports de pères et mères à enfants. Néanmoins, si l'adoption avait déjà eu lieu; si la reconnaissance avait déjà été faite avant la donation; si le donateur voyait de plus avec plaisir cette adoption ou cette reconnaissance; s'il témoignait de l'affection à l'adopté ou à l'enfant naturel, on pourra être porté à étendre les termes de la convention à l'un comme à l'autre (1). Nul doute d'ailleurs que cette extension ne puisse être stipulée d'une manière expresse; cependant la stipulation deviendrait nulle si elle était faite en faveur des enfants naturels à naître (2). Ce serait une prime donnée au désordre.

La condition dont parle l'art. 951 est celle du prédécès. Que décider, avant la loi du 31 mai 1854, du cas de mort civile? Il nous semble évident qu'il donnait lieu à l'ouverture du droit de retour. Ordinairement, sans doute, la mort civile n'est pas regardée comme l'équivalent de la mort naturelle dans l'accomplissement des conditions; mais ici il y a un motif spécial pour établir cette assimilation; en effet, dans l'espèce, la mort civile, comme la mort naturelle, ouvre la succession de celui qu'elle frappe, et fait passer ses biens à ses héritiers. Or, c'est précisément cette transmission que le donateur a voulu éviter. Il s'est préféré le donataire et ses descendants, sans doute, mais il se préfère à leurs héritiers (3).

CHAPITRE II.

DROIT DE RETOUR LÉGAL.

SECTION PREMIÈRE.

Famille légitime.

Nous avons vu que le droit de retour conventionnel peut s'exercer

---

(1) MM. Toullier, V, p. 303; Delvincourt, II, p. 290; Troplong, nos 1273 et suivants; Coin-Delisle, no 14; Duranton, VIII, no 488; D. alph., Vo donation, XVI, no 1762.

(2) MM. Dalloz, rép. alph., Vo donation, XVI, no 1762; Coin-Delisle, no 14.

(3) MM. Merlin, Rép., Vo mort civile, § 1, art. 3; Grenier, I, no 39; Toullier, V, no 291; Coin-Delisle, no 21; Marcadé, art. 951, no 3; Troplong, no 1272; D. alph., Vo donations, XVI, no 1769. Contra : Duranton, VIII, no 490.

dans la succession des descendants du donataire. La loi, en ce qui concerne le retour légal, en a-t-elle également permis l'exercice dans la succession des descendants du donataire? Cette question a été fort débattue dans les premiers temps qui ont suivi la promulgation du Code; l'affirmative compta alors de nombreux et zélés défenseurs; depuis, elle n'a cessé de perdre du terrain, et elle paraît aujourd'hui à peu près universellement abandonnée. C'est fort justement, suivant nous; car aucun de ses arguments ne nous paraît résister à un sérieux examen. On avait dit, dans ce sens, que l'ancien droit abondait en faveur de l'ascendant. L'art. 313 de la coutume de Paris s'exprimait à ce sujet en ces termes : Succèdent (les ascendants) ès-choses par eux données à leurs enfants décédant sans postérité et descendants d'eux : et Pothier, sur l'art. 315 de la coutume d'Orléans, qui s'exprimait à peu près en ces termes, disait que le donateur succède aux choses par lui données, non-seulement dans la succession de son fils à qui il a donné..., mais encore dans celles de l'enfant de ce fils, qui les a eues de la succession de son père. L'art. 747 étant une reproduction presque textuelle de ces deux articles, doit recevoir la même interprétation. L'art. 951, pour le retour conventionnel, l'art. 352 pour le retour légal, dans la famille adoptive, confirment cette interprétation. L'art. 1089, en matière de donations de biens à venir, nous montre encore une nouvelle application de ces principes. Les termes même de l'art. 747 s'appliquent aux enfants ou descendants, et les motifs, qui ont fait établir le droit de retour, militent encore plus dans ce cas en faveur de l'ascendant, puisqu'il est plus malheureux. Ajoutez comme dernier argument l'hypothèse suivante, si favorable, qui n'échappe à aucun partisan de ce système. Il s'agit d'une fille dotée par son père, qui vient à mourir en donnant le jour à son premier enfant, et cet enfant meurt lui-même quelques instants après sa mère; cette survie, si courte qu'elle soit, ferait donc perdre au donateur l'exercice de son droit de retour (1)! Aucun de ces arguments ne doit rester sans réponse. En ce qui touche l'ancien droit, rien de plus controversé que notre question dans les pays de droit écrit, à tel point que la Cour de cassation a pu décider, avant la promulgation du Code, que les interprétations en sens contraire des lois romaines par la jurisprudence ne pouvaient donner lieu à cassation (2). Sans doute, dans

(1) MM. Maleville, II, p. 217; Delvincourt, II, p. 19, note 7; Delaporte, III, p. 76; Vazeille, art. 747, nos 19 et 20; Toullier, IV, n° 225; Garabis, Revue de droit français et étranger, 2e série, III, p. 496; arrêt de Toulouse, 16 avril 1810 (Dev. et Car. coll. nouv., III, II, 258).

(2) D. A. V° succession, t. 41, n° 253.

les pays coutumiers, le premier système était généralement adopté ; mais
pourquoi ? Parce que, ainsi que nous avons déja eu l'occasion de le faire
remarquer, ce droit de succession n'y était qu'une application spéciale
de la règle : *paterna paternis*, qu'il rentrait, à beaucoup d'égards, dans la
règle générale, et que dès lors on ne devait pas reculer devant son extension. Au contraire, dans notre droit, l'art. 747 est devenu une
exception aux principes du Code, on ne peut donc en étendre l'application au delà des termes de la loi. Or, aucun mot de l'article ne commande une semblable interprétation ; le mot descendants, en effet, indique seulement que le droit de retour pourra être exercé dans la
succession d'un petit-fils ou d'un arrière petit-fils, lorsque c'est à lui
directement que la donation aura été faite ; mais il n'admet nullement
que ce retour puisse avoir lieu dans la succession d'un autre que le
donataire. Tous les termes de l'article semblent conspirer pour dire le
contraire. Le retour ne s'applique, d'après l'article, qu'aux choses données ; or, ces objets donnés ne peuvent plus être ainsi qualifiés dans la
succession d'un descendant du donataire. Ce descendant ne les a recueillis qu'à titre successif et non à titre de donation, du chef du donataire et non de celui du donateur. S'il avait renoncé à la succession, il
n'aurait rien recueilli des biens donnés. Dès lors, l'art. 747 est inapplicable. Sans doute, ce résultat peut être dur dans telle hypothèse donnée,
mais il ne faut pas regarder le résultat partiel d'une règle pour juger de
sa valeur ; l'effet général de la règle est salutaire. Qu'il en soit autrement
au cas de droit de retour conventionnel (951), cela se comprend ; la loi
devait s'attacher à respecter le plus possible la volonté des parties ; au
cas d'adoption (352), cela se conçoit encore ; car, sans cela, les biens passeraient dans une famille étrangère ; au cas de donation de biens à venir
par contrat de mariage (1089), il ne pouvait en être autrement dans
cette matière exceptionnelle ; mais ici, il s'agit de la présomption d'un
droit de retour en dehors des règles générales, dont la limitation ne
peut nuire à l'ascendant qu'au profit des membres de sa famille. Comme
l'extension trop large d'une semblable présomption eût pu ébranler la
stabilité d'un grand nombre de droits, la loi a fort justement reculé, et
n'admet l'exercice d'un droit aussi exorbitant et aussi anomal que dans
la succession du donataire (1).

(1) MM. Merlin, rép., V° réserve, sect. 2, § 2, n° 3, et V° succession, III, 2, n° 4 ;
Toullier, II, n° 243 ; Duranton, VI, n° 216 ; Chabot, art. 747, n° 12 ; Malpel, n° 133 ;

Il reste donc établi que le droit de retour ne peut s'exercer que dans la succession du donataire lui-même. La loi exige de plus que ce donataire soit prédécédé sans laisser de postérité; l'existence d'un enfant à cette époque fera à jamais évanouir ce droit de retour. Mais ne faut-il pas distinguer sur ce point entre les diverses filiations reconnues par la loi? Suffit-il d'un enfant adoptif ou d'un enfant naturel pour produire cet effet? Non; à notre avis la postérité légitime a seule obtenu cette faveur de la loi, et devait seule l'obtenir. Cette décision est rejetée, il est vrai, par tous les auteurs, en ce qui concerne les enfants adoptifs, et un grand nombre d'entre eux persévèrent dans cette doctrine, même vis-à-vis des enfants naturels. Mais déjà, en ce qui touche ce dernier point, notre système compte des partisans très-convaincus, et il nous semble que c'est par suite d'une contradiction qu'ils abandonnent, vis-à-vis des enfants adoptifs, une thèse qu'ils soutiennent si bien dans l'autre cas (1).

Pour décider que l'existence d'un enfant adoptif fait obstacle à l'exercice du droit de retour, on invoque d'abord le sens général du mot: postérité, dans l'art. 747. Puis, on veut appliquer l'art. 350 qui déclare que les enfants adoptifs ont, dans la succession de l'adoptant, les mêmes droits que les enfants légitimes. Or, l'art. 747, établissant un droit de succession, se trouve placé sous l'empire de l'art. 350. Peu importe quelles peuvent être les intentions du donateur; la loi règle souverainement cette succession. Le donataire pouvait aliéner les biens; par l'adoption qu'il a faite, il a indiqué son intention de transmettre ses biens à son enfant adoptif (2). Il nous semble, au contraire, que l'on doit tenir compte des intentions du donateur. Vouloir n'en tenir aucun compte, c'est exagérer encore cette malheureuse idée de droit de succes-

---

Poujol, art. 747, n° 22; Demante, III, 56 bis; Taulier, III, p. 156; Marcadé, art. 747, n° 4; Demolombe, XIII, n° 512; Coin-Delisle, Revue critique, 1857, II, p. 209; D. alph. V° succession, loc. sup. cit. La jurisprudence s'est également prononcée dans ce sens; arrêts d'Agen, 20 février 1807; Toulouse, 9 janvier 1815; Cassation, 18 août 1818; Nîmes, 14 mai 1819; Cassation, 30 novembre 1819; Agen, 9 nov. 1847 (D. P. 48, 2, 33); Cassation, 20 mars 1850 (Dev. 50, 1, 388; D. P., 50, 1, 145); Bastia, 21 août 1848. (Dev. 49, 2, 121.)

(1) M. Demangeat (Revue pratique, IV, p. 240) fait très-bien ressortir cette inconséquence, et en tire un argument contre notre système pour le cas de l'enfant naturel.

(2) MM. Delvincourt, II, p. 19, note 7; Favard, sect. 3, § 2, n° 8; Malpel, n° 134; Chabot, art. 747, n° 13; Duranton, VI, n° 220; Vazeille, art. 747, n° 16; Marcadé, art. 747, n° 3; Massé et Vergé sur Zachariæ, II, p. 286, note 6; Demolombe, XIII, n° 508; D. Alph., V° succession, XLI, n° 250.

sion établie par notre Code. Si la loi a vu là un droit de succession, elle n'en a pas moins entendu ne consacrer qu'une volonté tacite du donateur. Ce serait effacer toute idée de droit de retour, alors que certaines expressions de la loi en trahissent encore l'existence, que de rechercher les intentions du donataire et non celles du donateur. Le donataire lui-même a peut-être bien voulu enlever à sa famille les biens qu'il s'était acquis par son travail et les transmettre à un étranger, sans vouloir dépouiller cette famille des biens mêmes qu'elle lui avait transmis. Quant au donateur, son intention ne peut être douteuse; si ses petits-enfants légitimes remplacent complètement son fils dans son affection, il n'en saurait être de même pour l'étranger que ce fils s'est attaché par le lien de l'adoption. L'adoption, d'ailleurs, n'est pas elle-même un acte de disposition, pas plus que la reconnaissance d'un enfant naturel; une telle idée n'est que la confusion des effets indirects et éloignés de l'acte avec son but principal. Pour l'art. 747, le mot : postérité, que l'on y trouve, ne saurait comprendre la postérité adoptive, alors que dans toute la section on ne s'occupe que des parents légitimes. Pour tout autre article, l'art. 350 suffirait pour suppléer à ce silence; mais il ne peut combler également les lacunes de l'art. 747, article exceptionnel qui renferme le droit nouveau qu'il crée dans des limites trop étroites pour qu'on puisse les étendre à l'aide d'un article que la loi n'a édicté que pour le droit de succession ordinaire (1). D'ailleurs la discussion de la question suivante nous montrera que l'art. 747 n'a pas entendu comprendre les enfants naturels sous le mot : postérité; or, du moment qu'il en est ainsi, ce mot ne peut plus s'entendre que de la postérité légitime.

Les enfants naturels ne font pas non plus obstacle, suivant nous, à l'exercice du droit de retour. Pour eux évidemment, on ne peut réclamer une assimilation complète aux enfants légitimes. Ce serait rompre tout d'un coup et sans motif avec les traditions de notre Code qui jamais ne les élève aussi haut au préjudice de la famille légitime. On a seule-

---

(1) M. Oudot, à son cours. Nous avouons qu'on ne peut pas argumenter sûrement par analogie des arrêts de Bordeaux du 23 août 1854, et de cassation du 14 février 1855, quoi que dise M. Demolombe (loc. sup. cit.). Ces arrêts décident que l'adopté ne pourrait exercer le droit de retour sur les biens donnés par l'adoptant à un autre adopté. On peut fort bien se montrer plus difficile pour accorder l'exercice du droit de retour que pour l'entraver.

ment soutenu qu'ici, comme dans toute succession en présence d'ascendants, ils devaient recueillir la moitié des biens, et que l'ascendant per-
drait ainsi la moitié de son droit. Pour le prouver, on a invoqué d'abord
l'art. 747, en argumentant toujours de la généralité du mot : postérité.
On a invoqué surtout l'art. 757 qui donne à l'enfant naturel, vis-à-vis
des ascendants, la moitié de ce qu'il aurait s'il eût été légitime. Cet article, a-t-on dit, est d'une application générale, et dispense le législateur
de parler continuellement des enfants naturels. Chaque fois qu'il parle
des enfants légitimes, il nomme par cela même l'enfant naturel pour un
tiers, une moitié, les trois quarts, le tout, suivant les cas. L'art. 747
règle un droit de succession, et devait dès lors régler ce droit suivant
les intentions présumées du donataire. Or, l'art. 757 nous donne la
mesure légale de l'affection du père naturel pour ses enfants. C'est donc
cet article qu'en dernière analyse on doit consulter pour se conformer
aux désirs de la loi (1). Il n'est, pour ainsi dire, aucun de ces argu_
ments qui n'ait déjà été réfuté à propos des enfants adoptifs. Il y a
même encore des motifs de plus pour rejeter ce système au cas d'enfants naturels. En effet, si l'on peut raisonnablement soutenir l'extension du mot : postérité, de l'art. 747, à la postérité adoptive, on ne peut
persister dans une semblable opinion vis-à-vis de la postérité naturelle;
car de deux choses l'une, ou l'art. 747 s'appliquera, et l'enfant naturel
fera obstacle pour le tout à l'exercice du droit de retour, ce que personne n'a jamais osé soutenir, ou il ne peut s'appliquer, et c'est ce
que nous soutenons. Mais il est impossible d'en faire sortir un droit
partiel pour l'enfant naturel. La place de l'art. 747 répond d'elle-même
à toutes les tentatives que l'on ferait pour l'étendre; et si, dans l'article 351 et dans l'art. 960 le législateur a eu soin de préciser sa pensée
par l'addition de l'épithète légitime, c'est que leur place ne parlait plus
d'elle-même. Le seul article d'où l'on puisse vouloir faire découler ce
droit partiel, c'est l'art. 757. Eh bien! cet article est aussi inapplicable
à la matière que l'art. 350; l'art. 757, interprète fidèle des idées de la
loi pour les successions ordinaires, ne peut pas compléter l'art. 747 qui

---

(1) MM. Delvincourt, II, p. 19, note 7; Toullier, II, n° 240; Duranton, VI,
n° 219; Chabot, art. 747, n° 44; Malpel, n° 134; Poujol, art. 747, n° 42; Marcadé,
art. 747, n° 3; Vazeille, 747, n° 47; Taulier, III, p. 154 et 155; Demante, III, n° 56,
bis, IX; Zachariæ, Aubry et Rau, IV, p. 224; Rodière (J. du P., 1856, 1, 244). Voir
aussi, D. A., V° succession, n° 249.

se suffit à lui-même et donne lui seul les règles de la matière. Ce n'est pas d'ailleurs les intentions du donataire, mais celles du donateur que le législateur a dû prendre pour guide, ainsi que nous ne cesserons de le répéter. Or, le donateur ne doit pas être présumé avoir voulu comprendre dans ses libéralités cet enfant naturel, qui lui est étranger aux yeux de la loi, et dont l'existence est une tache vivante pour sa famille. La loi l'a déjà décidé ainsi en matière d'adoption (art. 351); pourquoi en aurait-elle décidé autrement en matière de filiation légitime? Parce que, dit-on, l'adopté reste dans sa famille naturelle et peut encore espérer de ce côté des biens qui passeront en partie à son enfant naturel, tandis que l'enfant légitime n'a pas ainsi l'espérance de transmettre à cet enfant des biens provenant d'une autre source que celle qui nous occupe. Mais c'est s'attacher à l'intention du donateur qui se dépouille dans ce système plus ou moins facilement, suivant que le donataire a espoir d'être plus ou moins riche ; et, précisément, les auteurs dont nous parlons ne veulent s'attacher qu'aux affections du donataire pour l'enfant naturel, qui ne varient pas sans doute avec sa fortune, et qui d'ailleurs doivent avoir libre cours d'une manière au moins aussi sensible au préjudice de l'adoptant qu'au préjudice de l'ascendant légitime. Enfin, il est un dernier argument qui, ce nous semble, est péremptoire contre le système contraire. Il s'appuie sur cette remarque : que personne ne conteste que l'enfant naturel ne fait pas obstacle au droit de retour légal de l'adoptant; et cependant les mêmes arguments devraient être regardés par les partisans de ce système comme parfaitement concluants dans cette hypothèse. Que leur importe en effet l'épithète : légitime, ajoutée au mot : postérité, dans l'art. 351? Ne disent-ils pas qu'en vertu de l'art. 757, qui dit : postérité légitime pour le tout, dit par là même : postérité naturelle pour partie ou pour le tout, suivant les circonstances? L'addition du mot : légitime, ne devrait donc pas leur suffire pour écarter l'enfant naturel ; ils devraient exiger une exclusion formelle de la postérité naturelle. S'ils ne le font pas, c'est donc qu'ils reconnaissent l'inapplicabilité de l'art. 757 à la question (1).

---

(1) MM. Legentil, dissert. jurid, p. 42, 88; P. Pont, Revue critique, 1852, p. 12, 13; Massé et Vergé sur Zachariæ, II, p. 286, et A. Rendu, Plaidoirie lors de l'arrêt de 1854 ci-dessous cité ; Cass., 3 juill. 1832 (D. P. 1832, 1, 295); Douai, 14 mai 1851 (Dev., 1851, 2, 497); Cass., 9 août 1854, (D. P., 1854, 1, 265). Mais s'il y a un enfant légitime outre l'enfant naturel, le droit de retour s'évanouit pour le tout; l'enfant naturel vient, suivant la règle ordinaire, concourir avec l'enfant légitime sur toute la succession qui se compose alors même des biens donnés.

Lorsque la donation avait été faite en faveur du mariage du descendant, on discutait autrefois la question de savoir si l'existence d'enfants
issus d'un autre mariage, même postérieur à celui-là, devait empêcher
l'exercice du droit de retour. Une semblable distinction ne serait plus
admissible aujourd'hui en présence de l'art. 747 qui ne parle de rien de
semblable (1).

Enfin, quand on parle de l'existence d'une postérité faisant obstacle
à l'exercice du droit de retour, on entend parler d'une postérité pouvant ou voulant venir à la succession. Si les enfants renonçaient ou
étaient indignes, point de doute qu'on ne les considère comme n'existant pas ; car, au point de vue des droits de succession, c'est bien là ce
qu'il faut appeler : ne pas laisser de postérité (2).

SECTION II.

Famille adoptive.

Nous savons que dans la famille adoptive le droit de retour légal peut
exister soit au profit de l'adoptant, soit au profit de ses descendants.
Dans le premier cas, le droit de retour s'exerce dans la succession non
seulement de l'adopté mourant sans postérité, mais encore des descendants de cet adopté, mourant également sans postérité. La postérité dont
l'existence ferait obstacle à ce droit de retour, c'est la postérité légitime.
L'art. 351 est formel à cet égard. Tout le monde reconnaît que la postérité naturelle ne pourrait point produire une semblable exclusion. Il
y a dissidence, au contraire, pour la postérité adoptive. L'art. 350, suivant quelques auteurs, suffit pour faire venir les enfants adoptifs, à
l'exemple des enfants légitimes, à la succession entière de leur auteur (3).
Mais nous avons déjà dit que l'argument tiré de cet article ne pouvait
être bien sûr en matière de retour légal, et dans l'espèce il vient se

---

(1) MM. Chabot, sur l'art. 747, n° 10 ; Duranton, VI, n° 217 ; Zachariæ, Aubry et Rau,
IV, p. 223 ; Massé et Vergé, II, p. 286 et 287 ; Demolombe, XIII, n° 507.

(2) MM. Chabot, sur 747, n° 11 ; Toullier, II, n° 241 ; Duranton, VI, n° 218 ; Marcadé, art. 747, n° 3 ; Demante, III, n° 56 bis, VIII ; Taulier, III, p. 457 ; Demolombe,
XIII, n° 505.

(3) MM. Chabot, art. 747, n° 6 ; Duranton, VI, n° 220 ; O. Barrot, Encycl. du droit,
V° adoption, n° 73 ; Demolombe, VI, n° 168 ; D. A. V° adoption, n° 205.

heurter contre l'épithète : légitimes, de l'art. 351. Tout le monde reconnaît que cette expression exclut les enfants naturels; comment donc
n'exclurait-elle pas également les enfants adoptifs? Le système contraire ferait de cette addition un véritable non sens (1).

Suivant notre opinion, la postérité naturelle et adoptive ne faisant
pas obstacle à l'exercice du droit de retour dans la succession de l'adopté,
les biens de l'adoptant ne pourront se trouver entre les mains d'un fils
adoptif ou naturel de l'adopté que si cet enfant est en concours avec un
enfant légitime. Mais lorsqu'il en sera ainsi, l'adoptant pourra reprendre
ces biens même dans la succession de cet enfant naturel ou adoptif. Remarquons en effet que l'art. 352 parle des enfants ou descendants sans
distinction, et cette généralité est très-remarquable après l'art. 351, qui
a bien soin de distinguer les diverses sortes de filiations.

Quant aux descendans de l'adoptant, ils ne peuvent exercer le droit
de retour que dans la succession de l'adopté, mourant sans postérité (nous
savons dans quel sens il faut entendre ce mot postérité). Le législateur a
cru devoir limiter dans ce cas l'exercice du droit de retour, pour ne pas
prolonger indéfiniment cette succession anomale.

SECTION III.

Famille naturelle.

Il faut appliquer à la famille naturelle tout ce que nous avons dit de la
famille légitime et de la famille adoptive. Les frères et sœurs légitimes de
l'enfant naturel et les descendants d'eux exerceront le droit de retour, no-
nobstant l'existence d'enfants naturels ou adoptifs de l'enfant naturel. Il
est vrai que ces descendants excluent de la succession le père et la mère
naturels. Mais ceux-ci, au point de vue du droit de retour, sont vus d'un
œil moins favorable par le législateur que leurs enfants; ces derniers
seuls, en effet, comme nous l'avons vu, ont droit au retour; par conséquent, il n'y a pas là matière à objection.

---

(1) MM. Taulier, I, p. 455; Marcadé, art. 351, n° 2; Zachariæ, Aubry et Rau, V,
dernière édition, p. 118, note 10.

TITRE V.

A QUELLES CHOSES S'APPLIQUE LE DROIT DE RETOUR?

CHAPITRE Iᵉʳ.

DROIT DE RETOUR CONVENTIONNEL.

Le droit de retour conventionnel ne peut s'appliquer qu'aux objets transmis par donation entre vifs. La loi, en effet, ne permettant de le stipuler qu'au profit du donateur seul, il ne peut être question d'y soumettre des objets légués ou recueillis à titre de succession. Quant au point de savoir quels sont les objets donnés soumis au droit de retour, il dépend de la convention des parties. Tout ce que nous pouvons dire ici, c'est que le donataire sera responsable des détériorations commises par sa faute, mais non de celles produites par des cas fortuits. Quant aux améliorations, si elles résultent de la nature des choses, le donateur y a droit ; si elles sont au contraire le résultat des actes du donataire, le donateur pourra le traiter comme un possesseur de mauvaise foi, et invoquer contre lui l'art. 555 Code Napoléon.

CHAPITRE II.

DROIT DE RETOUR LÉGAL.

Nous avons vu que les seuls biens qui puissent être soumis au droit de retour conventionnel sont les biens donnés entre vifs. Il en est de même et pour les mêmes motifs quant au droit de retour légal dans la famille légitime. Mais, dans la famille adoptive, ce droit existant également au profit des descendants de l'adoptant comme de l'adoptant lui-même, les biens légués par ce dernier à son enfant adoptif ou recueillis par celui-ci dans sa succession, sont soumis au droit de retour d'après l'art. 351. L'art. 766 ne s'explique pas de même en ce qui concerne la famille naturelle, où les descendants seuls du donateur ont droit au retour. Mais l'esprit de la loi, en établissant ce droit de retour, son texte qui, dans l'expression générale : reçu, embrasse aussi bien la succession et le legs que la donation entre vifs comme moyens de transmission des biens, les paroles formelles prononcées en ce sens dans la discussion n'ont permis à personne de douter que les frères et sœurs légitimes avaient droit de recueillir ce que l'enfant naturel avait trouvé dans la succession de l'auteur commun (1).

Peu importe la manière dont a pu être faite la donation, par contrat de mariage (2), par partage d'ascendants sous forme de donation entre vifs (3), à titre d'avancement d'hoirie ou par préciput (4). Mais le droit de retour devrait-il s'appliquer aux choses données à titre de présents d'usage, et qui, comme telles, ne sont pas soumises au rapport (852)? Il nous semble que : oui. Sans doute l'art. 852 en décide autrement en matière de rapport; mais c'est qu'en cette matière on n'envisage guère que la valeur pécuniaire des choses. Ici l'art. 747 ne fait aucune distinction, et l'intérêt d'affection que le donateur peut avoir pour reprendre un semblable objet suffit pour légitimer le droit de retour (5). Enfin l'art. 747 devra encore être appliqué aux donations indirectes, déguisées ou manuelles, lorsqu'elles seront prouvées (6). Il n'aurait pas d'application, au contraire, si la donation n'était qu'apparente et cachait un contrat à titre onéreux (7). Enfin le droit de retour s'applique à tous les

(1) Fenet, XII, p. 34; MM. Demante, III, n° 86 bis, 1; Zachariæ, Aubry et Rau, IV, p. 226; Demolombe, XIV, n° 157.

(2) Arrêts de cassation, 30 nov. 1819; Grenoble, 16 janv. 1828; MM. Merlin, rép., V° réserve, sect. 2, § 2, n° 3; Massé et Vergé sur Zachariæ, t. II, p. 288; Demolombe, XIII, n° 515.

(3) Arrêts de Montpellier, 11 nov. 1833; Lyon, 2 avril 1840; Douai, 14 mai 1851, déjà cité; MM. Merlin, Rép., V° partage d'ascendants, n° 19; Grenier, des Donations, I, n° 398; Marcadé, art. 1078, n° 2; Toullier, V, n° 814; Genty, partage d'ascendants' n° 285; Massé et Vergé, loc. sup. cit.; Zachariæ, Aubry et Rau, V, p. 478; Demolombe, loc. sup. cit.; D. A. V° succession, n° 230.

(4) On a même singulièrement exagéré cette idée, en décidant qu'une donation par avancement d'hoirie contenait par cela seul une stipulation de droit de retour conventionnel, comme nous l'avons vu plus haut.

(5) Contra : M. Demolombe, XIII, n° 515 bis.

(6) M. Demolombe, XIII, n° 515.

(7) Arrêt de Nancy, 31 janv. 1833; jugement du tribunal de la Seine, 6 juillet 1849; arrêt d'Agen, 12 juill. 1836; D. A. V° succession, n° 227 et 228.

biens corporels ou incorporels, meubles ou immeubles. Dans le droit coutumier, le droit de retour ne s'appliquait qu'aux propres, c'est-à-dire aux immeubles. Mais il n'y a rien de semblable dans notre droit.

L'art. 747 et l'art. 766 ne permettent de reprendre que les objets qui se retrouvent en nature dans la succession, ou, au cas d'aliénation de ces objets, le prix encore dû, ou l'action en reprise qui peut exister au profit du donataire. Tels sont les trois cas dans lesquels il y a incontestablement lieu au droit de retour dans les familles légitime et naturelle. De ces trois cas, un seul est indiqué en ce qui concerne la famille adoptive. Est-ce à dire pour cela que les deux autres cas soient exclus par l'art. 351 ? On l'a soutenu, en argumentant de ce silence de l'art. 351 et de ce que le retour légal est moins favorable dans cette hypothèse, parce que l'adoptant n'est, à vrai dire, qu'un père fictif (1). Mais tout prouve le contraire; l'art. 351 a le même but que l'art. 747; le droit de succession établi par le premier article est de tous points semblable à celui qui a été créé par le second. Seulement l'art. 351 est rédigé d'une manière plus incomplète : pourquoi ? Parce qu'il n'est que le germe d'une pensée qui devait plus tard trouver son développement entier dans l'art. 747. L'adoptant est d'ailleurs plus favorable que l'ascendant légitime puisque, à défaut du droit de retour légal, il verrait, à la différence de l'ascendant légitime, ses biens passer dans une famille étrangère. De plus, l'action en reprise n'a d'autre but que de recouvrer l'objet en nature, et du moment qu'on est obligé de l'admettre, comment invoquer encore valablement le silence de la loi pour écarter le prix encore dû ? Un système mixte est donc inadmissible (2), et c'est l'assimilation complète de la famille adoptive à la famille légitime et à la famille naturelle qu'il faut admettre(3).

Maintenant que nous espérons avoir démontré la nécessité d'assimiler, au point de vue qui nous occupe, dans ce titre les trois hypothèses où la loi a admis le droit de retour légal, tout le reste de nos développements s'appliquera, sans qu'il soit besoin de le dire, aussi bien à l'art. 351 qu'à l'art. 747 et à l'art. 766.

---

(1) MM. Toullier, II, n° 1013; O. Barrot, encycl. du droit, V° adoption, n° 77; Toullier, I, p. 455.

(2) Nous devons cependant avouer que c'est celui de M. Duranton (III, n°° 323 et 324).

(3) Arrêts de cass., 18 août 1818; Agen, 9 nov. 1847; MM. Delvincourt, I, p. 96, note 11; Duvergier sur Toullier, II, n° 1013, note 4; Valette sur Proudhon, II, p. 215-21 ; Marcadé, art. 352, n° 3; Demolombe, VI, n° 181.

Commençons par constater dans quelles hypothèses s'applique incontestablement le droit de retour légal, d'après le texte formel de la loi. L'art. 747 parle d'abord de l'hypothèse où les biens se retrouvent en nature dans la succession. Ceci nous indique suffisamment que l'ascendant donateur doit respecter les aliénations partielles comme les aliénations totales. Par conséquent de même qu'il ne peut rien reprendre au cas d'aliénation totale, de même, au cas d'aliénation partielle il ne reprendra que la propriété amoindrie par les droits de servitude, d'usufruit ou d'hypothèque qui la grèvent du chef du donataire (1). Sous ce rapport, les aliénations gratuites sont aussi respectables que les aliénations à titre onéreux. Les dispositions testamentaires elles-mêmes suffisent pour détruire le droit de l'ascendant donateur. On en décidait autrement dans l'ancien droit. Par ce motif que le legs n'empêche pas l'objet d'exister en nature dans la succession, et qu'on peut dès lors, en respectant les termes de la loi, ne tenir aucun compte d'une disposition qui marque tant d'ingratitude de la part du donataire, quelques personnes ont voulu suivre les errements de l'ancien droit (2); mais leurs efforts devaient échouer. La loi, en effet, n'exige pas seulement que l'on retrouve les biens en nature; il faut encore qu'ils fassent partie de la succession, c'est-à-dire (et la place même de l'article nous l'indique) de la succession *ab intestat*. Or la propriété des choses léguées se fixe sur la tête du légataire du jour du décès du testateur; ces biens ne font donc plus partie de la succession *ab intestat* que l'art. 747 réglemente seule. Si l'objet légué se trouve

---

(1) Au cas d'hypothèque, on s'est demandé si l'ascendant, après avoir dégrevé l'immeuble en payant la dette, avait un recours contre l'héritier. On décide généralement qu'il faut lui en accorder un, puisque cette dette n'est pas la sienne (MM. Chabot, art. 747, n° 5; Delvincourt, II, p. 35; Zachariæ, Aubry et Rau, IV, p. 551; Marcadé, 747, n° 7, Vazeille, 747, n° 20; Demolombe, XIII, n°* 519 et 554; D. A. V° succession, n° 242). MM. Massé et Vergé (II, p. 291) ont contesté cette solution. Le donataire, disent-ils, pourrait aliéner l'immeuble; comment le donateur se plaindrait-il de ce que les hypothèques qui le grèvent en absorbent la valeur? A cette objection, il y a une réponse bien simple; c'est que ce raisonnement qui devrait s'appliquer à fortiori au légataire particulier, est détruit, quant à lui, par l'art. 1020 qui lui accorde un recours. Et en effet, l'existence d'une hypothèque ne saurait enlever à l'obligation le caractère personnel qui en fait supporter la charge par l'universalité du patrimoine. Seulement, le donateur sera obligé de payer sa part des dettes, ainsi que nous le verrons plus tard.

(2) Arrêts d'Agen, 13 mars 1817; Agen, 11 déc. 1827; M. Benoît, de la dot, n° 107; dissertation dans le *Moniteur* des 12, 13 et 19 août 1830.

encore dans la succession, c'est à titre de dépôt; or, si on prétendait reprendre dans la succession du donataire un objet déposé en vertu du droit de retour, on serait infailliblement repoussé. Où seraient ici les motifs d'une solution différente? L'art. 747 d'ailleurs établit un droit de succession *ab intestat*, et n'est-il pas de règle que la succession *ab intestat* cède le pas à la succession testamentaire, sauf le cas de réserve? En résumé le donateur doit respecter toutes les libéralités du donataire, et un simple legs suffit pour le dépouiller de ses droits (1).

Lorsque nous disions tout à l'heure que les aliénations à titre gratuit étaient aussi respectables que les aliénations à titre onéreux, nous indiquions par là que notre sentiment est que l'ascendant donateur n'a droit à ce titre à aucune réserve. La raison en est bien simple : la loi ne l'appelle à succéder qu'aux biens qui se retrouvent en nature; les biens donnés, incontestablement, et les biens légués d'après ce que nous venons de dire, ne se retrouvant pas en nature dans la succession, il en résulte nécessairement que l'ascendant n'a pas de réserve; car, pour avoir une réserve, il faut être héritier; et l'ascendant n'est pas héritier de ce qu'on ne retrouve pas en nature. Cette solution, à peine indiquée par les auteurs en ce qui concerne la famille légitime (2), est surtout développée par eux pour le droit de retour de la famille adoptive (3). Quant à la famille naturelle, il ne saurait y être question de réserve, puisque les seuls ayant droit à cette succession ne sont tout au plus que des collatéraux.

Nous venons de voir quelles sortes de prétentions proscrit cette exigence de la loi qui veut que les biens se retrouvent en nature. Mais chaque fois que l'on retrouvera les biens en nature, l'ascendant aura-t-il le droit de les reprendre? Devra-t-on au contraire rechercher la cause qui a placé ces biens dans la succession? Faut-il, en un mot, qu'ils s'y retrouvent encore par suite de la donation de l'ascendant? On

---

(1) MM. Toullier, II, n° 234; Duranton, VI, n°s 223 et 227; Chabot, 747, n° 29; Malpel, n° 133; Poujol, 747, n° 22; Massé et Vergé sur Zachariæ, p. 201, note 14; Demolombe, XIII, n° 521; D. A. V° succession, n° 240; Arrêts de cass., 17 déc. 1812; Montpellier, 31 mai 1825; Cass., 16 mars 1830; Bordeaux, 15 avril 1831; Cass., 2 janvier 1838 (Dev., 1838, 1, 234).

(2) MM. Marcadé, 747, n° 9; Demante, III, n° 57 bis, 11; Demolombe, XIII, n° 522.

(3) MM. Grenier, de l'adopt., n° 41; Saintespès Lescot, des Donat., II, n° 352; Troplong, des Donat., n° 816; Levasseur, n° 53; Marcadé, 645, n° 3; Demolombe, VI, n° 180, XIII, n° 522; D. A. V° adopt., n° 203 et suiv., Donations, n° 760.

a soutenu, en s'attachant judaïquement au texte de l'art. 747 qui exige que les objets donnés se retrouvent en nature, que dans ce cas il y avait lieu au droit de retour. Sans doute, dans cette question, l'ancien droit en décidait autrement : mais c'est qu'il s'agissait d'une succession aux propres, et que le bien une fois aliéné perdait définitivement sa qualité de propre. Or maintenant il n'y a plus, suivant les partisans de ce système, de motifs pour conserver cette décision de l'ancien droit. Nous n'avons plus à distinguer les propres et les acquêts même pour régler la succession établie par l'art. 747. Du moment que les choses données se retrouvent en nature, cela suffit. Et pourquoi donc dans cette hypothèse refuser le droit de retour à l'ascendant? Le législateur a sans doute diminué l'exercice de ce droit, mais dans l'intérêt des tiers seulement. Tout ce qu'il veut, c'est éviter les évictions, les dépossessions, toujours si fâcheuses pour les tiers acquéreurs. Ici, nulle crainte semblable; dès lors, point d'obstacle au droit de retour (1). Mais ces auteurs n'ont pas remarqué que, pour s'attacher littéralement à une partie de l'art. 747, ils en violaient ouvertement une autre. La loi exige, en effet, pour permettre le retour, qu'il s'agisse d'objets donnés. Or, dans l'espèce, l'objet n'est plus donné; il a perdu cette qualification, et c'est à tout autre titre qu'il se trouve dans la succession du *de cujus*. C'était là le raisonnement fort concluant de nos anciens auteurs; à leurs yeux, il n'y avait plus de propres (sans doute cela nous importerait peu), mais cette qualité de propres n'était perdue que par suite de l'impossibilité de qualifier ces objets du nom de biens donnés (ce qui nous importe toujours). Cette décision s'explique naturellement quand on songe que ce droit de succession n'a été créé qu'en considération de l'origine des biens : cette origine étant effacée, le droit de retour n'a plus de motifs. Il est enfin une hypothèse dont le système adverse ne peut se tirer : c'est celle où, après la donation faite par l'aïeul à son petit-fils, le bien donné aliéné par ce dernier et venant à tomber entre les mains du fils, serait donné par celui-ci au petit-fils. Il est impossible à ce système de nous indiquer dans ce cas qui pourra exercer le droit de retour légal, le père et l'aïeul

---

(1) MM. Delvincourt, II, p. 17, note 4; Toullier, IV, n° 233; Duranton, VI, n° 232; Belost-Jolimont sur Chabot, 747, obs.; Vazeille, 747, n° 25; Taulier, III, p. 160; Benoît, de la dot, II, n° 108.

ayant alors les mêmes titres. Dans notre système, nul doute que le droit n'existe qu'au profit du père seul (1)?

Lorsque l'objet ne se retrouve plus en nature dans la succession, la loi accorde encore formellement le droit de retour dans deux cas. Le premier est celui où le payement du prix n'a pas encore été effectué. Pourquoi, dans ce cas, la loi admet-elle l'exercice du droit de retour? Presque tous les auteurs répondent : Parce que, dans cette espèce, le prix est la représentation de la chose donnée et lui est subrogé. On comprend facilement, en effet, que la loi ait dû dans ce cas faire fléchir la rigueur de son principe, alors qu'elle a la certitude que l'enrichissement du donataire provient des libéralités du donateur. Cependant quelques auteurs (2) ont contesté ce motif, que l'on attribue à la disposition de la loi. Suivant eux, ce ne serait pas cette idée de subrogation qui aurait guidé le législateur, mais un vieux souvenir du droit romain, plus ou moins prouvé; une croyance à je ne sais quelle imperfection du contrat de vente et de la translation de la propriété, tant que le prix n'est pas payé. Jusqu'à l'époque de ce payement, une condition résolutoire vient menacer l'existence de la vente, et permettre, dans certaines circonstances, de reprendre les biens. Mais, outre ce qu'il y a évidemment de forcé dans une semblable explication, elle se trouve réfutée par cette seule observation que ses auteurs admettent encore le droit de retour, quand le droit de résolution n'existe plus. Ce qui a donné naissance à cette seconde explication, c'est l'abus que l'on a fait de la première pour étendre au-delà de toutes limites raisonnables l'application de l'art. 747. Certes, nous sommes aussi partisan que qui que ce soit de la restriction des cas d'application de l'art. 747 aux hypothèses prévues formellement par la loi, et nous le prouverons bientôt; mais ce n'est pas une raison pour rejeter l'idée de subrogation qui seule peut expliquer raisonnablement cette première exception admise par la loi à son principe.

Le donateur a donc droit au prix non encore payé de l'objet donné;

---

(1) MM. Duvergier sur Toullier, loc. cit., note A; Chabot, 747, n° 21 ; Malpel, n° 435; Bravard, de l'étude du droit romain, p. 284 et 286; Zachariæ, Aubry et Rau, V, dernière édition, p. 126, note 33; Massé et Vergé, p. 291, note 15 du tome II; Marcadé, 747, n° 6; Demante, III, n° 58 bis, 2 ; Ducaurroy, Bonnier et Roustain, II, n° 483; Demolombe, XIII, n° 636; D. A. V° succession, n° 238.

(2) V. surtout en ce sens M. Demolombe, XIII, n° 524, et M. Demante, III, n° 58 bis, 1.

peu importe que ce prix soit en argent ou en denrées; tout ce que la loi exige, c'est que ce prix ne soit pas payé. Que dire, quand l'objet donné a été aliéné moyennant une rente viagère? Nous croyons que dans ce cas il ne peut y avoir de droit de retour. En effet, dès que le droit de rente est établi et entré dans le patrimoine du donataire, le prix est payé et l'aliénation consommée. Dès lors on se trouve en dehors des termes de l'art. 747. On ne peut pas plus, dans ce cas, exercer un droit de retour sur les arrérages non payés de la rente qu'on ne le pourrait exercer sur les intérêts de la somme reçue et placée par le donataire (1).

La seconde hypothèse, dans laquelle la loi fait brèche à son principe général, est celle où le donataire a une action en reprise. Est-ce vraiment une brèche qu'elle fait dans ce cas à son système? Non, à vrai dire; car, qu'est-ce que l'action en reprise, sinon le moyen de faire revenir le bien en nature dans la succession; et une fois qu'il y sera revenu, le principe de l'art. 747 n'est-il pas complètement respecté? Nous appelons de ce nom d'actions en reprises toutes celles dont le résultat est de faire évanouir une aliénation soit réelle, soit apparente. Mais remarquons qu'alors c'est *ex causa antiqua*, et non *ex causa nova*, que le bien rentre dans le patrimoine; l'aliénation est effacée rétroactivement; elle est censée n'avoir jamais existé. Au nombre de ces actions en reprise doivent figurer les actions en réméré, en résolution pour défaut de payement du prix, pour cause d'inexécution des charges, en rescision pour lésion, en nullité pour vice de forme, incapacité, erreur, dol et violence, etc. Que dire de la véritable action en reprise; de celle à laquelle le législateur donne spécialement ce nom, c'est-à-dire, des reprises matrimoniales? l'ascendant pourra-t-il les exercer? La réponse demande certaines distinctions; il n'est pas possible, en règle générale, d'écarter cet ascendant en lui déniant l'action qui justement porte le nom inscrit dans l'art. 747; c'est d'abord impossible, évidemment (et ici nous restons dans les principes) quand cette action doit faire revenir le bien lui-même en nature; par exemple, lorsqu'il s'agit de la restitution de la dot (1530, 1531, 1561), ou de la reprise des apports stipulés en cas de renonciation à la communauté (1514), ou encore de la reprise des propres. Mais, si le bien tombait dans la communauté, l'ascendant pourrait-

(1) MM. Marcadé, 747, n° 8; D. A. V° succession, n° 244. Contra : Chabot, 747, n° 18; Vazeille, 747, n° 20; Demolombe, XIII, n° 527.

il plus tard le reprendre, s'il se retrouvait dans la communauté qu'il s'agit de partager? pourrait-il même en reprendre l'équivalent, lorsque les objets ont été définitivement aliénés? Un auteur(1), qui est loin de se montrer rigoureux dans l'interprétation de l'art. 747, tranche formellement cette question par la négative sans distinction, mais aussi sans donner de motifs à sa solution. D'autres (2), exagérant le principe de l'effet rétroactif du partage ou de la renonciation, prétendent que, quand un bien commun rentre, par suite de l'une de ces causes, dans le patrimoine de l'époux qui l'avait apporté à la masse, ce bien n'a jamais été commun, jamais été aliéné. Mais toutes ces opérations ne sauraient rétroagir à ce point : la rétroactivité ne s'opère que jusqu'au jour de la dissolution de la communauté; et puisque ces auteurs ne veulent pas qu'un bien aliéné puisse devenir l'objet du droit de retour, il leur faut nécessairement embrasser la solution négative. Nous préférons, dans cette hypothèse, adopter l'avis de ceux qui, se montrant rigoureux dans l'application du principe général de l'art. 747, ne font pas cependant des exceptions de cet article une lettre morte. L'action en reprise, accordée seulement dant les limites indiquées par les deux premiers systèmes, n'est vraiment rien autre chose que le résultat nécessaire du principe de l'art. 747, qui n'admet le droit de retour que pour les biens en nature; car, *rem in bonis nostris habere intelligimus, quoties possidentes exceptionem; aut amittentes, ad recuperandam eam actionem habemus* » (3). Pour nous, la possibilité d'exercer le droit de retour sur le prix encore dû comme sur l'action en reprise, n'est pas le résultat de l'adoption par l'art. 747 de sa première règle. S'il en était ainsi, il y aurait redondance dans les expressions de la loi : ce sont là au contraire des exceptions à ce principe, mais des exceptions qu'il faut restreindre dans les limites tracées par la loi, sous peine de voir la règle effacée au profit de ces exceptions; mais si les extensions de ces exceptions sont des abus, leur restriction en serait un autre. Dans notre espèce, nous accorderons donc avec les partisans d'un troisième système (4) le droit de reprise, dans tous les cas où les héritiers ordinaires des époux pour-

---

(1) M. Delvincourt, t. II, p. 19, note 4.
(2) MM. Chabot, n° 23; Vazeille, sur 747, n° 25; Massé et Vergé, sur Zacharie, II, p. 201, note 12.
(3) L. 52, D., de acq. rer. dom.
(4) MM. Demolombe, XIII, n°° 531-533; Demante, III, n° 58 bis, III.

raient l'exercer, si ce droit de reprise doit faire rentrer dans le patrimoine de la succession un bien donné par l'ascendant. Nous l'accorderons, parce que cette solution est juste et autorisée par les textes. Nous
ne distinguerons même pas à quelle époque la donation a été faite, avant le
mariage, par contrat de mariage ou pendant le mariage. Sans doute, on a
fait remarquer que, dans ces deux dernières hypothèses, le bien devant
de suite tomber en communauté, l'époux qui le recevait, ne recevait véritablement qu'une créance, et que c'était cette créance que l'ascendant
retrouvait en nature dans la succession. Mais il y a pourtant un peu
de subtilité dans cette remarque; le bien est toujours resté un instant de
raison sur la tête de l'époux donataire; c'est du chef de ce dernier qu'il est
tombé dans la communauté, et l'époux n'a plus qu'une simple créance au
lieu du bien en nature qu'il a aliéné au profit de la communauté, et cela,
de plein droit, et en vertu de son contrat de mariage. Quoi qu'il en
soit du mérite de cette observation, qui tendrait une fois de plus à faire
du 3° de l'art. 747 une lettre morte, comme nous avons déjà réfuté cette
thèse, nous ne pouvons que persister dans la solution affirmative sans
distinction (1).

Telles sont les trois hypothèses où le texte de la loi accorde formellement le droit de retour. Est-il permis d'en sortir, et par des arguments
d'analogie plus ou moins probants, plus ou moins convaincants, d'é-
tendre à d'autres hypothèses l'application de l'art. 747? Les auteurs sont
longtemps entrés dans cette voie, et tous se sont entendus à l'aide de ces
arguments pour démolir pièce à pièce le principe de l'article. A l'aide
d'idées de subrogation, de fongibilité, etc., ils sont parvenus véritablement à réduire notre règle à l'état d'exception, à tel point que l'un d'eux
a osé écrire (2) : «le droit de retour doit toujours avoir lieu, excepté seulement que l'objet n'en ait péri dans les mains du donataire, ou n'ait
été dissipé par lui sans emploi utile (3). » Mais depuis quelque temps,
frappés de ces excès, les derniers interprètes du Code ont abandonné ce
système d'extension. Un auteur bien regrettable (4) lui porta le premier

(1) M. Oudot rejette aussi cette distinction.
(2) M. Malleville, sur l'art. 747, al. 10.
(3) Voyez aussi en ce sens MM. Chabot, n° 21; Toullier, II, n° 245; Duranton, VI,
n°s 233-239; Grenier, donat., n° 593; Vazeille, 747, n° 26; Taulier, III, p. 160; D. A.
V° succession, n°s 232 et suiv.
(4) M. Marcadé, 747, n° 3.

les coups de sa vigoureuse logique, et depuis presque tous les auteurs (1)
récents l'ont suivi dans cette nouvelle voie. Nous l'y suivrons également, et nous repousserons avec énergie toute tentative d'extension de
l'art. 747, si équitable qu'elle puisse paraître. Nous ne disons pas sans
doute avec ces auteurs que la règle que les biens doivent se retrouver
en nature ne reçoit aucune exception ; nous en avons noté. Mais nous
nous renfermerons strictement dans ces exceptions, parce que, une
fois entré dans la voie de l'argumentation par analogie, on ne peut plus
s'arrêter, et on arrive infailliblement à la destruction de la règle de notre
article.

Les deux idées, à l'aide desquelles les partisans du système de l'extension de l'art. 747 veulent établir leur opinion, sont celles de fongibilité
et de subrogation. De l'idée de fongibilité, on a voulu conclure
que, lorsque la donation était de sommes d'argent, de denrées, de marchandises, et autres choses *quæ pondere, numero, mensurare constant*,
il suffisait que l'on retrouvât dans la succession une même quantité d'argent, de denrées, de marchandises, pour que le droit de retour pût
s'exercer. Ce sont là des objets dont la nature rend l'identité inutile ;
peu importe au créancier d'une somme d'argent, par exemple, de recevoir telles ou telles pièces de monnaie; ce qui importe seulement , c'est
le nombre, le poids, la mesure. Peu importe même l'origine des deniers que l'on retrouve dans la succession : du moment que l'on en
retrouve dans la succession autant qu'il en a été donné, on peut dire
que cet équipollent tient lieu d'identité, et que véritablement l'objet se
retrouve dans la succession en nature. Puis, continuant à avancer dans
cette voie glissante, on ne voit plus seulement dans les deniers des choses
fongibles ; mais on vient dire que l'argent, les billets de banque, les effets
de commerce, les inscriptions de rentes, les créances, sont fongibles en-
tr'eux. Il résulte de toute cette théorie que, toutes les fois qu'il y aura
dans la succession une quantité suffisante de toutes ces valeurs, il y aura
nécessairement réversion (2). Une foule de réponses viennent détruire
toute cette argumentation. D'abord il n'y a de choses fongibles que celles

---

(1) MM. Massé et Vergé sur Zachariæ, p. 290, n° 11; Demante, III, n° 58 bis, VI ;
Demolombe, XIII, n° 539 et suiv.

(2) MM. Merlin, rép. V° réserve, sect. 2, § 2, n° 3; Maleville, sur l'art. 747; Delvincourt, II, p. 39; Grenier, des donat., II, n° 598; Toullier, II, n° 245; Taulier, III,
p. 161; Vazeille, 747, n° 26.

qui, sont considérées comme telles, soit par la loi, soit par les parties. Par conséquent, dire que dans l'espèce il s'agit de choses fongibles, c'est faire une pétition de principe. Le législateur, au contraire, nous montre qu'il n'a pas vu là des choses fongibles, puisqu'il veut qu'on les retrouve en nature. Il le montre encore lorsqu'il éteint le droit de retour par suite du payement du prix de vente de l'objet donné. Dans ce cas, cette somme est entrée dans le patrimoine du vendeur comme la somme donnée par l'ascendant dans le patrimoine du donateur, et du moment où cette somme est entrée ainsi dans ce patrimoine, on devrait décider qu'on la retrouve en nature, par cela seul qu'on y trouverait de l'argent, des billets de banque, etc., d'une valeur égale. En effet, puisque le prix est subrogé à la chose, il ne s'agirait plus que de le retrouver ainsi en nature! Notre doctrine, sans doute, ne permet pas que le retour ait lieu souvent dans ce cas; mais la doctrine contraire le permettrait presque toujours. Il est impossible de sortir de ces deux extrêmes : car de deux choses l'une; ou on exigera la représentation identique des pièces de monnaie, et on ne les reconnaîtra presque jamais; ou on exigera seulement une somme équivalente, et on en trouvera presque toujours au moins une partie. Or, nous croyons entrer mieux dans l'esprit de la loi en tombant dans ce que nous appellerons, si l'on veut, le premier excès, parce qu'en fin de compte, ce que par dessus tout on doit exiger en semblable matière, c'est la constatation de l'origine des biens, de l'origine de l'enrichissement du donataire. Il faut que le donateur puisse dire, pour prouver son droit au retour : voilà ce dont j'ai enrichi ce patrimoine, et voilà dès lors ce que j'ai le droit d'y reprendre (1). Quelques auteurs, faisant la part de ce dernier argument, ont exigé cette preuve (2). Mais leur système, pour en devenir plus raisonnable, ne devient point par cela même plus légal. Il reviendrait, en effet, aux termes de l'art. 132, qui permet de réclamer tout ce dont on est enrichi, *quatenus locupletior factus est;* et les termes si différents de l'art. 747 ne permettent pas d'adopter une semblable idée (3). Tout ce

(1) MM. Marcadé, 747, n° 3; Demante, III, n° 56 bis, VI; Demolombe, XIII, n° 544 et 545; Massé et Vergé sur Zachariæ, p. 200, note 11; Ducaurroy, Bonnier et Roustain, II, n° 484.

(2) MM. Aubry et Rau sur Zachariæ, IV, p. 232; Duranton, VI, n° 234; Poujol, 747, n° 20; Taulier, III, p. 361.

(3) M. Demante, loc. sup. cit.

que nous pouvons concéder, c'est que, si l'on plaçait immédiatement la somme donnée, le donateur pourrait la réclamer de l'emprunteur qui ne l'aurait pas encore rendue. Nous avouons même que nous ne ferions cette concession qu'avec la plus grande hésitation.

L'idée de subrogation n'a pas produit de la part des auteurs moins d'extension de l'art. 747 que l'idée de fongibilité. Sous ce rapport on a décidé d'abord que l'échange ne devait pas produire pour l'ascendant des effets plus désastreux que la vente. Le prix de vente peut suppléer l'objet vendu; le bien échangé pourra donc remplacer le bien contr'échangé. Le prix une fois payé ne peut plus être réclamé par l'ascendant; mais c'est que sa fongibilité empêche de le reconnaître. Ici tout se reconnaît, tout se constate; l'origine du bien se touche du doigt. Le bien échangé sera donc subrogé au lieu et place du bien donné en contr'échange. Ce n'est pas tout : on trouve dans les art. 1407, 1559, etc., des exemples de semblables subrogations : on en trouve même dans l'art. 747. En quoi celle-ci serait-elle plus inadmissible que les autres ? De même encore le donataire a vendu l'immeuble donné, puis avec le prix en a acheté un autre. L'origine des deniers qui ont servi à cette acquisition est constatée dans l'acte. N'est-ce pas là une espèce de remploi permettant de reprendre l'objet acheté dans ces conditions (art. 1434 et 1435). L'art. 132 permet bien à l'absent de reprendre les biens provenant de l'emploi qui aura été fait du prix de ses biens vendus (1). Nous rejetons également ces deux solutions. Quelles considérations d'équité pourront jamais triompher du texte de la loi dans notre hypothèse ? Il est aussi formel que possible pour les exclure toutes. Il veut que le bien se retrouve en nature; et les subrogations, les remplois, et autres institutions de ce genre, ne sont pas faites pour procurer une restitution des biens en nature. Par conséquent, quand on accumulera les hypothèses où la loi en permet l'application, qu'aura-t-on prouvé ? que dans ces hypothèses la loi n'exige pas que l'on retrouve le bien en nature, et, comme, dans l'art. 747 au contraire, elle montre cette exigence, on restera toujours vaincu par le texte de la loi. Que l'on combine cette idée de subrogation avec celle de fongibilité, et nous ne savons plus vraiment

(1) MM. Delvincourt, II, p. 18, note 4; Toullier, II, p. 245; Duranton, VI, n° 233; Vazeille, 747, n°26; Taulier, III, p. 160; Chabot, 747, n° 22; D. Alph., V° succession, XLI, n°236 et suiv.

quand ce droit de retour s'évanouira. Il faudra que le bien soit sorti du
patrimoine du donataire sans compensation, et que de plus l'on n'y retrouve aucune de ces valeurs mobilières dites fongibles (1). Si notre
système est quelquefois rigoureux dans son respect pour le texte de la
loi, cela tient au laconisme du législateur qui ne pouvait manquer de
produire dans son œuvre quelques imperfections. Mais nous nous félici-
tons grandement de ce qu'il n'ait pas exagéré les cas d'application du
droit de retour; car le premier système entraînerait infailliblement une
confusion inextricable, source intarissable de procès; et, si l'on devait
réparer l'oubli de l'ascendant ne stipulant pas le droit de retour, ce ne
devait pas être aux dépens de la paix de la famille.

Nous savons maintenant sur quels objets peut s'exercer le droit de
retour. Mais dans quel état l'ayant droit au retour reprendra-t-il ces
objets? s'ils ont été détériorés, dégradés, il n'a pas le droit de se plaindre, l'art. 747 est formel sur ce point. Le donataire n'était pas tenu de
garder l'objet pour le donateur; en le dégradant, il n'abusait que de son
droit; *rem quasi propriam neglexit*, donc *nulli querelæ subjectus est*,
personne ne peut rien lui dire.

Que dire, au contraire, si la chose a été améliorée? L'ascendant a le
droit de la recueillir, nul doute à cet égard, tant que l'on peut dire que
la chose est en nature dans la succession. Mais devra-t-on payer aux héritiers une indemnité pour ces améliorations? Nous le pensons ainsi, et
l'opinion contraire nous semble se heurter contre les principes mêmes
qui justifient le droit de retour légal. Comment admettre, en effet, que la
loi, qui se montre si facile quand il s'agit de diminuer les droits de l'ascendant, aille tout d'un coup et contre toute raison lui rendre plus qu'il
n'a donné? L'ascendant s'enrichirait aux dépens d'autrui s'il s'emparait
sans indemnité de la plus-value créée par les soins du donataire (2). La
doctrine contraire (3), jusqu'ici presqu'universellement abandonnée, a
trouvé dans ces derniers temps un défenseur zélé (4). Pour la soutenir,

---

(1) MM. Marcadé, 747, n° 5; Massé et Vergé sur Zachariæ, p. 290; Demante, III,
n° 58 bis, I ; Ducaurroy, Bonnier et Roustain, II, n° 783; Demolombe, XIII, n°ˢ 540 et
suiv.

(2) MM. Duranton, VI, n° 246; Chabot, 747, n° 25; Vazeille, 747, n° 21 ; Marcadé,
747, n° 7; Taulier, III, p. 159; Zachariæ, Aubry et Rau, IV, p. 547 et 548; Massé et
Vergé, II, p. 289; D. Alph., V° succession, XLI, n° 248.

(3) MM. Toullier, II, n° 232; Demante, III, 57 bis; Demolombe, XIII, n°ˢ 559 et 560.

(4) M. Demolombe, loc. sup. cit.

on a d'abord invoqué l'ancien droit, dont l'application sur ce point à notre espèce est fort douteuse. On a, de plus, soutenu qu'il n'y avait pas enrichissement aux dépens d'autrui. Comment! voilà un ascendant qui n'aurait aucun droit peut-être sur la succession, et qui n'est appelé qu'à reprendre les biens donnés. Ces biens donnés ont été améliorés aux dépens de la succession ordinaire: ne dépouille-t-il donc pas la succession ordinaire en prétendant garder les biens améliorés, sans tenir compte de la plus-value? L'art. 747, dit-on, ne met aucune condition à la reprise en nature des biens donnés : cela se peut; mais les motifs de l'article parlent assez haut pour qu'on puisse se passer de son texte. Ce qui prouve, d'ailleurs, le peu de confiance des partisans de cette doctrine dans leur système, c'est qu'ils refusent, par exemple, de l'appliquer au cas d'agrandissement de l'enceinte d'un enclos. Ils repoussent ici l'argument d'analogie qu'ils devraient tirer de l'art. 1019, et décident que cet agrandissement ne pourrait être réclamé par l'ascendant.

TITRE VI.

OBLIGATIONS CORRÉLATIVES AU DROIT DE RETOUR.

CHAPITRE Iᵉʳ.

DU DROIT DE RETOUR CONVENTIONNEL.

Le droit de retour conventionnel étant l'application des principes généraux sur les conditions résolutoires, et ces conditions produisant un effet rétroatif, il est clair que l'exercice d'un semblable droit n'entraîne guère après soi d'obligations. Toutes les aliénations, toutes les hypothèques, consenties par le donataire, sont rétroactivement anéanties. Le donateur reprend ce qu'il a donné sans supporter une partie proportionnelle à ce qu'il retrouve dans les dettes du donataire. Les biens donnés n'ont jamais formé le gage des créanciers de ce dernier : en un mot, le donateur les reprend francs et quittes de toutes charges. Une seule exception existe à la généralité de ce principe. Laissons parler l'art. 952 :

« L'effet du droit de retour sera de résoudre toutes les aliénations des
biens donnés, et de faire revenir ces biens au donateur, francs et quittes
de toutes charges et hypothèques, sauf néanmoins l'hypothèque de la dot
et des conventions matrimoniales, si les autres biens de l'époux donataire ne suffisent pas, et dans le cas seulement où la donation lui aura
été faite par le même contrat de mariage duquel résultent ces droits et
hypothèques. »

La seule hypothèque respectée par le droit de retour est donc l'hypothèque légale de la femme pour la garantie de sa dot et de ses conventions matrimoniales. Dans quels cas seulement est-elle respectée ? Seulement quand la donation a été faite par le même contrat de mariage
d'où résultent ces droits et hypothèques. Dans ce cas, en effet, le donateur a voulu sans doute par ses libéralités favoriser le mariage, et on doit
supposer qu'il s'est préféré non-seulement le donataire, mais encore la
femme de ce donataire. Du reste cette hypothèque ne sera que subsidiaire, c'est-à-dire que le donateur n'aura à la respecter que si les autres
biens du donataire sont insuffisants. La preuve de cette insuffisance ré-
sultera de la discussion des biens du donataire, discussion dont les frais
seront supportés, non par le donataire, mais par la femme ou ses ayant-
cause (1). Enfin, puisque cette hypothèque n'est que subsidiaire, il ne faut
pas que, par sa faute, la femme laisse échapper le reste du gage que la
loi a mis entre ses mains. Si, par exemple, elle a laissé passer les délais
de purge de l'hypothèque légale sans rien dire, et que plusieurs biens
aient ainsi échappé à son action, le donateur n'en devra pas souffrir : s'il
en était autrement, il serait trop facile aux époux de se concerter pour
restreindre ainsi le gage de leurs créanciers aux biens donnés (2).

Ce respect de l'hypothèque légale de la femme n'étant que présumé par
la loi, le donateur pourrait toujours stipuler que cette hypothèque elle-
même ne sera pas respectée (3).

---

(1) MM. Duranton, nº 494; Poujol, art. 952, nº 5; Bayle-Mouillard sur Grenier,
nº 37, note; Coin-Delisle, nº 9; Troplong, nº 1282; D. A. Vº donations, nº 1782.

(2) MM. Toullier, V, nº 290; Grenier, I, nº 37; Delvincourt, II, p. 279, notes; Bayle-
Mouillard sur Grenier, loc. cit.; Bellot, I, p. 337; Vazeille, sur l'art. 952, nº 2; D. A.
Vº donations, nº 1786. Contra, Troplong, nº 1283.

(3) MM. Toullier, V, nº 289; Grenier, I, nº 38; Coin-Delisle, art. 952, nº 10; Marcadé,
sur l'art. 952; D. Alph., Vº donations, XVI, nº 1785.

CHAPITRE II.

DU DROIT DE RETOUR LÉGAL.

Le droit de retour légal est loin d'être aussi avantageux pour le donateur que le droit de retour conventionnel. Nous avons souvent constaté ce fait, et indiqué les motifs de cette différence; nous allons actuellement en trouver une nouvelle preuve. Non-seulement, comme nous l'avons déjà dit, ce droit de retour laisse intactes toutes les aliénations consenties par le donataire, mais encore il soumet celui qui en jouit à l'obligation de payer les dettes du donataire. Cette obligation est la suite de cette idée que le donateur doit respecter les actes du donataire, et celui-ci est censé avoir voulu répartir d'une manière égale sur tous les biens de son patrimoine, le fardeau de ses dettes; nous savons d'ailleurs que c'est cette obligation de contribuer aux dettes qui a principalement amené la transformation du droit de retour en un droit de succession. L'existence de cette obligation ne saurait être mise en doute. Ce que l'on a contesté seulement, c'est que l'ayant droit au retour fût tenu des dettes *ultra vires successionis*. Et pourquoi? parce que c'est un successeur *in re singulari*, pour lequel, dit-on, ne peut exister une semblable obligation (1). Que veut-on donc prétendre? que les successeurs pour une part aliquote de la succession sont seuls tenus *ultra vires* et que notre donateur doit être assimilé à un légataire particulier? Mais cette démonstration ne tendrait à rien moins qu'à décharger ce donateur de toute contribution aux dettes. C'est, en effet, ainsi qu'est traité le légataire particulier. Quant au donateur, tout le monde avoue qu'il est tenu des dettes; l'art. 351 le dit formellement pour l'adoptant. Pourquoi l'est-il? parce que la loi en a fait un héritier. Mais, s'il en est ainsi, il ne reste plus qu'une seule question à vider : est-il successeur régulier ou irrégulier? Eh bien! il n'est point douteux que l'ascendant légitime ou adoptif ne soit un successeur régulier : il est donc tenu des dettes *ultra vires*. Les frères et sœurs légitimes de l'enfant naturel seuls ne sont tenus des dettes

---

(1) MM. Zachariæ, Aubry et Rau, V, p. 397, note 18, dernière édition; Duranton, VI, nº 209.

qu'*intra vires bonorum*, parce que seuls ils sont des successeurs irréguliers (1). Pour décider le contraire à leur égard, il faudrait imposer une semblable obligation à tous les successeurs irréguliers, ce à quoi on n'avait jamais songé jusqu'ici, et ce qu'un auteur récent à seul jusqu'à ce jour cru devoir décider (2).

De ce que l'ascendant donateur est tenu de payer les dettes, il s'ensuit nécessairement qu'il est également tenu de payer les legs, non seulement ceux qui portent sur les biens donnés (nous avons déjà constaté ce fait qui va de soi), mais encore les legs de quotités et de sommes qui pèsent sur l'universalité de la succession. Nous avons même déjà vu sur ce point qu'il n'a pas de réserve.

Mais, si l'ascendant donateur n'a pas à ce titre de réserve, sera-t-il obligé de supporter celle des héritiers de la succession ordinaire ? Cette dernière réserve se calculera-t-elle même sur les biens donnés, et partant pourra-t-elle entamer les droits de l'ascendant et entraver ainsi partiellement son droit de retour ? La solution négative de cette question résulte nécessairement de la doctrine, que nous adoptons entièrement, qui voit, lorsque l'art. 747 ou autre semblable est applicable, deux successions fort distinctes réunies en une. Néanmoins quelques auteurs, qui cependant adoptent notre doctrine sur la séparation de ces deux successions, désertent notre cause dans la question actuelle. Ils invoquent les termes généraux de l'art. 922 qui veut que l'on forme une masse des biens de la succession, sans en distinguer l'origine. Ils ajoutent que l'ascendant donateur étant de plus héritier ordinaire, tout ce qu'il prendrait en vertu de son premier titre devrait s'imputer sur sa réserve. Or, si sa réserve se calcule sur tous les biens de la succession, il en doit être de même de celle des autres héritiers. Enfin ils invoquent une prétendue présomption consistant dans cette idée que le donataire, pouvant librement disposer des biens donnés, a sans doute voulu les substituer aux biens que lui-même a aliénés à titre gratuit pour laisser intacte la réserve de ses héritiers ordinaires (3). Mais, outre les arguments qui prouvent la séparation complète que la loi a voulu établir entre les deux successions, et qui,

(1) MM. Merlin, rép., Vᵒ réversion, sect. 2, § 2 ; Toullier, IV, nᵒ 216 ; Delvincourt, II, p. 18, note 4 ; Favard, Vᵒ succession, sect. 3, § 2, nᵒ 4 ; Demante, III, nᵒ 56 bis; Demolombe, XIII, nᵒ 552 ; D. Alph., Vᵒ succession, XLI, nᵒ 216 ; Coin-Delisle, Revue critique, XI, p. 229.

(2) M. Demolombe, XIII, nᵒ 160.

(3) Chabot, sur l'art. 747 ; Delvincourt, II, p. 19, nᵒ 3 ; Duranton, VI, nᵒ 228.

ce nous semble entraînent la solution négative, on peut répondre à tous ceux qui viennent d'être exposés. A l'art. 922, on oppose qu'il n'a pas songé au droit de retour, qu'il règle la succession ordinaire, et ne concerne pas une succession anomale dont les principes sont totalement différents. De plus, si l'ascendant est héritier ordinaire et a droit au retour légal, il est héritier dans deux successions, et ce qu'il reçoit dans l'une ne saurait être imputé sur la réserve à laquelle il a droit dans l'autre. Enfin, la dernière présomption invoquée est purement gratuite, et, quand elle serait vraie en fait, elle ne serait pas légale, la loi dans les art. 747 et autres n'ayant pas interprété dans ce sens la volonté du testateur (1).

POSITIONS.

DROIT ROMAIN.

I. La divergence entre les lois 11, § 1 et 12, D., *de hered. petit.*, et le § 144 du comm. IV de Gaïus, reproduit par Justinien dans ses Instistutes (livre IV, titre 15, § 3), s'explique sans recourir à l'*usucapio pro herede.*

---

(1) MM. Grenier, donations, IV, n° 598 ; Vazeille, 747, n° 10 ; Marcadé, 747, n° 9 et suiv. ; Coin-Delisle, art. 922, n° 6 et suiv. ; Saintespès Lescot, donations, II, n° 458 ; Troplong, n° 922 ; Zachariæ, Massé et Vergé, II, § 375, note 4 ; D. A. V° donations, n° 1083 ; V° succession, n° 223. V. de plus un arrêt de la Cour de cassation, du 8 mars 1858 (D. P., 1858, 1, 97). Nous ne croyons pas cependant que M. Coin-Delisle persiste actuellement dans l'opinion qu'il a émise dans son traité des donations, car comment pourrait-on la concilier avec la théorie d'unité de succession qu'il professe, quand les dispositions de l'art. 747 s'appliquent cumulativement avec celles des successions ordinaires (V. Revue critique, XI, p. 224 et suiv.).

II. La loi 23, D., *de jud'iciis,* se concilie avec les lois 4, 18, § 1, 41, D., *de hered.petit.,* 27, § 1, D., *de rei vindic.,* et 7, § 4, D., *ad exhibendum.*

III. Dans le cas où le possesseur de bonne foi est tenu, comme le possesseur de mauvaise foi, des *fructus percipiendi,* on exige de l'un comme de l'autre la valeur des fruits qu'aurait pu percevoir un *bonus paterfamilias.* La seule différence admissible consisterait en ce que le possesseur de mauvaise foi pourrait être tenu même de la valeur des fruits que le demandeur, par suite de quelque circonstance extraordinaire, aurait pu percevoir de plus qu'un *bonus paterfamilias.*

IV. Le tiers acquéreur, qui a acheté un bien héréditaire de l'héritier apparent, peut, dans certains cas, se défendre contre l'action en revendication du véritable héritier, par une exception tirée *ex persona venditoris.*

V. Le possesseur de mauvaise foi ne répond pas des cas fortuits, quand ils auraient également fait périr la chose chez le demandeur, à moins que celui-ci ne prouve qu'il aurait voulu et pu la vendre.

VI. Dans la pétition d'hérédité, le moment où l'on doit examiner ce dont s'est enrichi le possesseur de bonne foi est celui de la litiscontestation.

VII. Dès l'époque de la jurisprudence classique, le juge pouvait faire exécuter son *jussus manu militari.*

VIII. Il n'est pas nécessaire pour que le contrat *litteris* soit formé que le débiteur ait mentionné son obligation sur son registre.

IX. En matière de revendication, le possesseur de bonne foi, à l'époque classique, gardait les fruits perçus qu'il avait encore entre les mains.

X. Caracalla n'a point aboli le *jus caduca vindicandi* accordé aux *patres;* il a seulement substitué le *fiscus* à l'*œrarium* dans les cas où ce dernier recueillait les parts caduques.

DROIT FRANÇAIS.

1° *Droit civil.*

I. Le droit de retour conventionnel, stipulé au profit du donateur et de ses héritiers, ne constitue pas une substitution, et dès lors, dans ce cas, la clause de retour au profit des héritiers du donateur est seule réputée non écrite.

II. Le droit établi par l'art. 747, C. Nap., en faveur de l'ascendant donateur, est un droit de succession.

III. L'ascendant donateur n'a point de droit de retour légal sur les biens donnés qui se retrouveraient en nature dans la succession des descendants de l'enfant donataire, mourant eux-mêmes sans laisser de postérité.

IV. L'existence d'un enfant naturel du donataire ne fait pas obstacle même pour partie seulement à l'exercice du droit de retour légal de l'ascendant donateur.

V. Le père ou la mère naturelle n'a point de retour légal sur les biens qu'il ou qu'elle a donnés à son enfant naturel venant à mourir sans postérité.

VI. L'ascendant donateur qui reprend dans la succession du donataire un bien donné qui s'y retrouve en nature, mais amélioré, doit tenir compte de la plus-value qu'il lui procure aux héritiers ordinaires du *de cujus*.

VII. Les descendants des frères et sœurs légitimes de l'enfant naturel peuvent exercer le droit conféré à ceux-ci par l'art. 766 dans la succession.

VIII. Dans le cas où il y a coexistence de la succession ordinaire et de la succession anormale de l'art. 747, la réserve des héritiers ordinaires ne doit se calculer que sur les biens qui font partie de la succession ordinaire.

IX. La femme dotale ne peut, même avec l'autorisation de son mari, donner ses immeubles dotaux par voie d'institution contractuelle à d'autres personnes qu'à ses enfants.

X. Le privilège du voiturier sur la chose voiturée n'existe plus quand le voiturier s'est dessaisi de cette chose.

XI. Lorsqu'un legs de nue propriété dépasse la quotité disponible, les héritiers réservataires, qui ne veulent pas exécuter cette disposition, sont tenus de faire au légataire l'abandon de la propriété pleine et entière de la quotité disponible.

XII. Les sociétés d'assurances mutuelles contre les faillites ne peuvent se former sans l'autorisation préalable du gouvernement.

2° Droit criminel.

I. L'interdiction légale ne peut résulter d'une condamnation par contumace.

II. Le complice du suicide tombe, dans la plupart des cas, sous l'application de la loi pénale.

3° Droit administratif.

I. Les conseils de préfecture sont compétents pour statuer sur les dommages et intérêts à accorder aux particuliers pour réparation du tort que peuvent causer à leurs propriétés des travaux publics permanents.

II. La loi du 10 vendémiaire an IV n'est point applicable à la ville de Paris.

4° Droit commercial.

I. Pour calculer la majorité en nombre exigé pour le vote du concordat en matière de faillite, on doit tenir compte des créanciers absents.

II. Les remises de dettes consenties dans un concordat ne sont pas soumises au rapport quand elles sont faites à un successible.

DROIT DES GENS.

I. L'étranger autorisé à établir son domicile en France peut exercer contre son débiteur étranger et non muni d'une semblable autorisation le droit d'arrestation provisoire.

II. L'étranger divorcé suivant la loi de son pays ne peut se remarier en France.

HISTOIRE DU DROIT.

I. La constitution de Caracalla qui accorda le droit de cité à tous les sujets de l'Empire, le leur accorda pour toujours à eux et leurs descendants. Elle n'a point été abrogée par Macrin ; seulement, malgré son immense portée, elle laissa encore subsister quelques différences entre les divers sujets de l'Empire.

II. Sous la monarchie franque, il n'était point permis de changer sa loi d'origine pour en prendre une autre.

Vu par le Président de la thèse,

A. VALETTE.

Vu par le Doyen,

C.-A. PELLAT.

Permis d'imprimer :

Le Vice-Recteur de l'Académie,

CAYX.

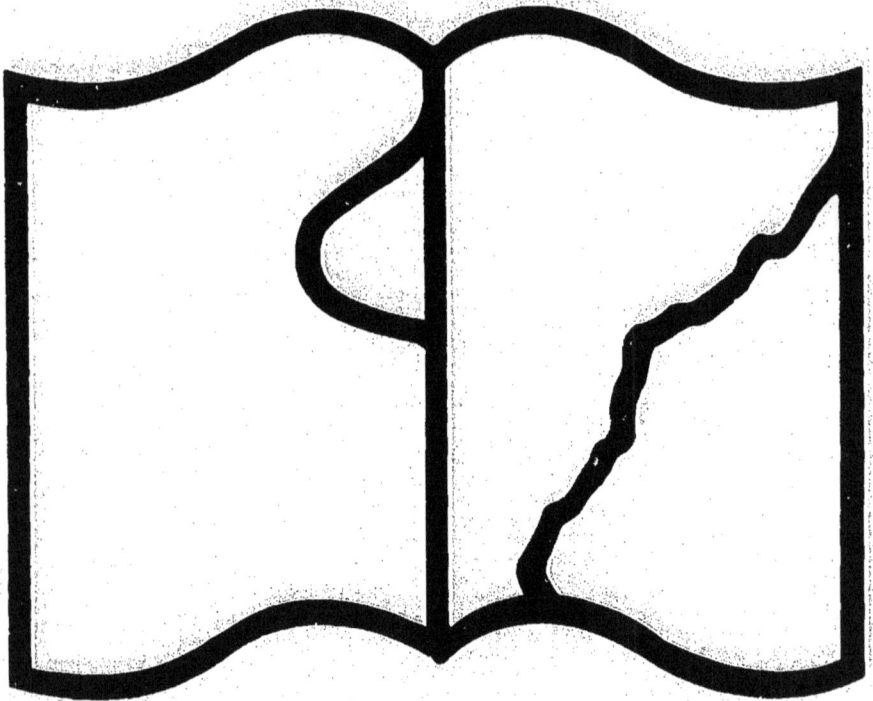

Texte détérioré — reliure défectueuse

NF Z 43-120-11

www.ingramcontent.com/pod-product-compliance
Lightning Source LLC
Chambersburg PA
CBHW071151200326
41519CB00018B/5184